JN074639

2024
公認
野 球 規 則

編 纂

日本プロフェッショナル野球組織
全 日 本 野 球 協 会

協 賛

朝 日 新 聞 社
毎 日 新 聞 社

はしがき

　第5回World Baseball Classic（WBC）は、2023年3月21日（日本時間3月22日）にアメリカのフロリダ州で決勝戦が行われ、日本がアメリカに3対2で勝利し、3大会ぶり3回目の優勝を果たした。1点リードで迎えた9回表、日本はダルビッシュ有投手に代えて、それまで指名打者として出場していた大谷翔平選手をマウンドに送った。2アウト後、最後の打者となるマイク・トラウト選手から三振を奪い、大谷投手を中心に日本チームの歓喜の輪ができた。勝利の瞬間は、平日の日中にもかかわらず、テレビの世帯視聴率（瞬間最高視聴率）は46％であったというデータもある。この日のニュースはWBC優勝のことで持ちきりになり、野球ファンのみならず、日本国民が、ベースボールというスポーツのすばらしさを実感した一日であった。プロ野球、アマチュア野球を問わず野球関係者に求められることは、この野球人気を一過性のものに終わらせることなく、競技人口やファンを増加させる様々な取り組みを継続的に行うことだと思う。

　さて、2024年度は9項目の規則改正を行った。そのうちの主なものは、キャンバスバッグ（塁）の大きさの変更（規則2.03）、内野手の守備位置の制限（規則5.02(c)）、そして延長回の方式の設定（規則7.01(b)）であり、これらはMajor League Baseball（MLB）の規則書であるOfficial Baseball Rules（OBR）の改正を採用したものだ。
　まず、塁の大きさの変更については、一塁・二塁・三塁のキャンバスバッグの大きさが、15インチ（38.1センチ）平方から18インチ（45.7センチ）平方に拡大された。これは、塁上で野手と走者が接触することによる負傷のリスクを低減させることと、塁間の短縮により盗塁（スリリングなプレイ）が増加することなどを見込んだものといわれている。
　次に、内野手の守備位置の制限については、4人の内野手は両足をグラスライン

（内外野の境界線）より内側に置き、二塁ベースの両側に２人ずつ配置しなければならないなどが規定された。これは、極端な内野手の守備シフトを制限することにより、ヒットの数や内野手のファインプレイの機会を増やすことを狙った改正のようだ。

　なお、塁の大きさの拡大と、内野手の守備位置の制限の改正については、現時点ではプロ野球、アマチュア野球ともに適用しないことから、当委員会が『我が国では適用しない』という【注】を設定した。

　また、試合時間の短縮を目的とした延長回の方式については、10回以降、０アウト、走者二塁、継続打順で行うことと規定された。延長回の回数制限や実施方法などについては、プロ野球、アマチュア野球ともに特別規定により実施していることから、『所属する団体の規定に従う』という【注】を設けた。

　なお、2023年シーズンからMLBで実施されている、投手の投球間隔の時間制限（ピッチクロック）などについては、OBRに規則として追加されたものではなく、MLBの特別規定として運用されている。したがって、当委員会では、その採否についての検討を見送ったところである。

　2023年６月、世界野球ソフトボール連盟（WBSC）が、独自の公式野球規則であるOfficial Rules of Baseball 2023-2024（ORB）を発表した。これまでのWBSCの大会は、MLBの規則書であるOBRとWBSCの特別大会規定を併用して実施されてきたが、2023年以降は、このORBがすべての大会で適用されることになった。現在、当委員会では、ORBの翻訳やOBRとの相違点の確認などを進めている。

　本公認野球規則は、これまで唯一の世界標準の規則書であったOBRを翻訳し、それを尊重しながら我が国の野球に適した規則書となるよう、当委員会が編纂してきたものである。しかしながら、オリンピックの競技運営などを行う国際競技連盟であるWBSCがORBを発表したことにより、２つの「国際的野球規則書」が存在することとなった。

　冒頭に書いたWBCはOBRが適用されているが、WBSCの大会はORBに基づいて実施されている。今後、OBRとORBの相違点などを整理しながら、本公認野球規則

をどのような規則書にしていくかという大きな課題について、当委員会で検討していくことになる。

　この規則書は2024年2月15日から効力を発する。

　2024年2月

日本野球規則委員会

2024年度　野球規則改正

（1）**2.01**を次のように改める。

① 第6段落を次のように改める。（<u>下線部を改正</u>）

　　本塁からバックストップまでの距離、塁線からファウルグラウンドにあるフェンス、スタンドまたはプレイの妨げになる施設までの距離は、60フィート（18.288メートル）以上を<u>推奨する</u>。

② 最終段落の末尾に次を加え、【注】を追加する。

　　ただし、内野の境目となるグラスラインは、投手板の中心から半径95フィート（28.955メートル）の距離とし、前後各１フィートについては許容される。しかし、投手板の中心から94フィート（28.651メートル）未満や96フィート（29.26メートル）を超える箇所があってはならない。

　　【注】 我が国では、内野の境目となるグラスラインまでの距離については、適用しない。

③ 【付記】を削除する。

（2）**2.03**の最終段落を次のように改め（<u>下線部を改正</u>）、【注】を追加する。

　　キャンバスバッグはその中に柔らかい材料を詰めて作り、その大きさは<u>18インチ（45.7センチ）</u>平方、厚さは３インチ（7.6センチ）ないし５インチ（12.7センチ）である。

【注】　我が国では、一塁、二塁、三塁のキャンバスバッグの大きさは15㌅（38.1㌢）平方とする。

（3）2.05の「各ベースラインから最短25㌳（7.62㍍）離れた場所に、」を削除する。

（4）3.02（a）【注3】および同【軟式注】を削除する。

（5）5.02（c）【注】を【注1】とし、その後に、以下の本文、【原注】、ペナルティ、【注2】を追加する。

　　内野手の守備位置については、次のとおり規定する。
（ⅰ）投手が投手板に触れて、打者への投球動作および投球に関連する動作を開始するとき、4人の内野手は、内野の境目より前に、両足を完全に置いていなければならない。
（ⅱ）投手が打者に対して投球するとき、4人の内野手のうち、2人ずつは二塁ベースの両側に分かれて、両足を位置した側に置いていなければならない。
（ⅲ）二塁ベースの両側に分かれた2人の内野手は、投手がそのイニングの先頭打者に初球を投じるときから、そのイニングが完了するまで、他方の側の位置に入れ替わったり、移動したりできない。
　　ただし、守備側のプレーヤーが交代したとき（投手のみの交代は除く）は、いずれの内野手も他方の側の位置に入れ替わったり、移動してもかまわない。
　　イニングの途中で内野手として正規に出場したプレーヤーは、その交代後に投手が打者に投じるときから、そのイニングが完了するまで、他方の側の位置に入れ替わったり、移動したりできない（そのイニングで、その後再び

別の交代があった場合は除く）。

【原注】　審判員は、内野手の守備位置に関する本項の目的として、投手が投球する前に打者がどこへ打つのかを予測して、二塁ベースのどちらかの側に3人以上の内野手が位置するのを防ぐことであることに留意しなければならない。いずれかの野手が本項を出し抜こうとしたと審判員が判断した場合、次のペナルティが適用される。

ペナルティ　守備側チームが本項に違反した場合、投手の投球にはボールが宣告され、ボールデッドとなる。
　　　ただし、打者が安打、失策、四球、死球、その他で一塁に達し、しかも他の全走者が少なくとも1個の塁を進んだときには、規則違反とは関係なく、プレイは続けられる。もし、本項に違反した後に、他のプレイ（たとえば、犠牲フライ、犠牲バントなど）があった場合は、攻撃側の監督は、そのプレイが終わってからただちに、違反行為に対するペナルティの代わりに、そのプレイを生かす旨を球審に通告することができる。

【注2】　我が国では、本項後段の内野手の守備位置については、適用しない。

（6）**5.10**（k）後段を次のように改める。

　　　プレーヤー、監督、コーチ、トレーナーおよび試合中にベンチやブルペンに入ることを許されたクラブ関係者は、実際に競技にたずさわっているか、競技に出る準備をしているか、その他許される理由以外で、競技場に出ることはできない。

（7）**7.01**（b）の見出しを「延長回」とし、次のように改める。

① 本文を同（1）とし、従来の（1）、（2）を（A）、（B）とする。

② 同（2）および【注】を追加する。

（2）9回が完了した後、10回以降は、走者二塁から、次のとおり始めること
とする。
（A）10回以降の延長回の先頭打者（またはその打者の代打者）は、前の回
からの継続打順とする。
（B）延長回における二塁走者は、その回の先頭打者の前の打順のプレーヤ
ー（またはそのプレーヤーの代走者）とする。
　　たとえば、10回の先頭打者が5番打者であれば、4番打者（またはそ
の代走者）が二塁走者となる。ただし、先頭打者の前の打順のプレーヤー
が投手であれば、その投手の前の打順のプレーヤーが代わりに二塁走者を
務めることができる。
　　交代して退いた打者および走者は、規則5.10により、再び試合に出場
することはできない。
（C）投手の自責点を規則9.16により決定するために、延長回を開始すると
きの二塁走者は守備の失策により二塁に到達したようにみなされるが、チ
ームまたはプレーヤーに失策は記録されない。公式記録員は、延長回にお
ける打者および二塁走者についても、規則9.02により記録をする。
（D）延長回が始まるたびに、球審は二塁走者が適正であるかを確かめるた
め、攻撃側チームの打順表を確認する。もし、その走者が適正でなければ、
球審はただちに攻撃側チームの監督に知らせて、適正な二塁走者にさせる
必要がある。また、プレイが開始された後に、審判員またはいずれかの監
督が、走者が適正でないことに気付けば、その走者は適正な走者と入れ替
わらなければならず、打順の誤りに起因したことにより、プレイを無効と

しない限りは、すべてのプレイは正規なものとなる。得点する前後に関係なく、適正でない走者に対するペナルティはない。

【注】我が国では、所属する団体の規定に従う。

（8）8.04（a）の（試合終了後）「12時間以内」、（b）前段の「4時間以内に」、（c）前段の（その所属クラブ）「の代表者」、（c）後段の「通告後5日以内に、」を削除する。

（9）定義46「リーグプレジデント」（リーグ会長）を削除し、以下繰り上げる。

野球競技場区画線(1)

(本文2.01参照)

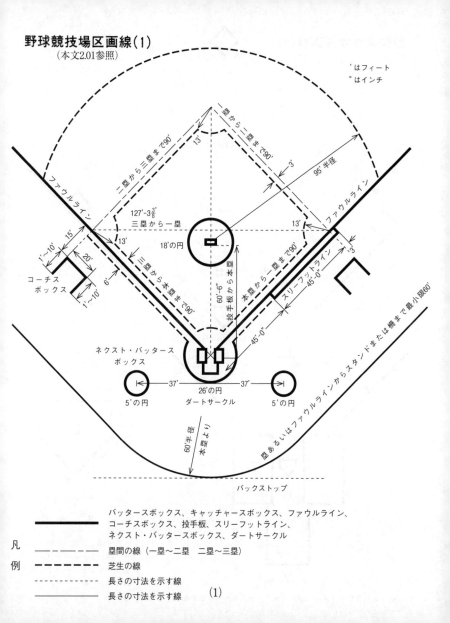

'はフィート
"はインチ

二塁から二塁まで90'

13'

3'

95'半径

ファウルライン

ファウルライン

13'

13'

127'-3³⁄₁₆"
三塁から一塁

18'の円

15'

13'

1'~10'

20'

6'

1'~10'

コーチス
ボックス

三塁から本塁まで90'

本塁から二塁まで90'

投手板から本塁

60'-6"

スリーフットライン

45'-0"

45'-0"

ネクスト・バッタース
ボックス

37'

26'の円
ダートサークル

37'

5'の円

5'の円

塁あるいはファウルラインからスタンドまたは柵まで最小限60'

60'半径
本塁より

バックストップ

	バッターズボックス、キャッチャーズボックス、ファウルライン、コーチスボックス、投手板、スリーフットライン、ネクスト・バッターズボックス、ダートサークル
凡	塁間の線 (一塁～二塁　二塁～三塁)
例	芝生の線
	長さの寸法を示す線
	長さの寸法を示す線

(1)

野球競技場区画線(2)

(本文2.02, 2.03, 2.04参照)

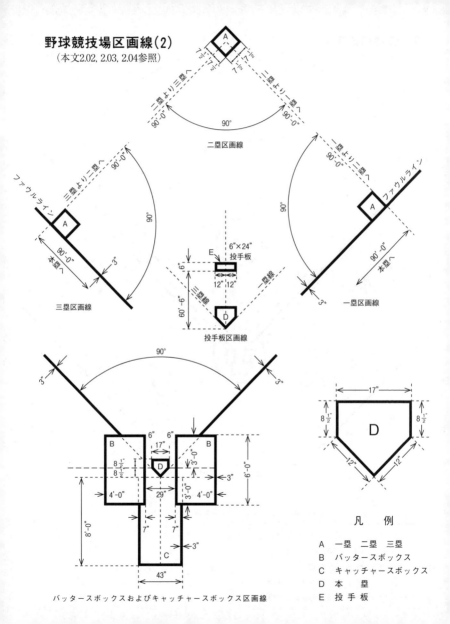

二塁区画線

三塁区画線

一塁区画線

投手板区画線

バッターボックスおよびキャッチャーボックス区画線

凡 例

A 一塁 二塁 三塁
B バッターボックス
C キャッチャーボックス
D 本 塁
E 投 手 板

野球競技場区画線(3)
(本文2.01, 2.04参照)

投手のマウンドの区画線

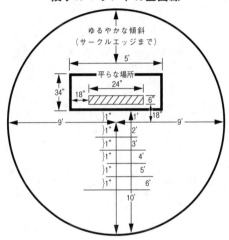

投手板の前方6㌅（15.2㌢）の個所から本塁に向かって6㌳（1.829㍍）の個所までの勾配は、1㌳につき1㌅でなければならない。この勾配は各球場同一でなければならない。

投手のマウンドすなわち直径18㌳（5.486㍍）の円は、本塁から59㌳（17.983㍍）の地点を中心とする。

マウンドの中心から18㌅（45.7㌢）後方に投手板の前縁を置く。

投手板の前縁は、本塁から60㌳6㌅（18.44㍍）の個所に置く。

傾斜は、投手板の前縁の6㌅前方から始まる。

投手板の前方6㌅の傾斜開始個所から6㌳の個所までの勾配は6㌅であり、これは各球場とも同一でなければならない。

投手板の周囲の平らな場所は、投手板の前面6㌅、側面が各18㌅、後方が22㌅（55.9㌢）である。

平らな場所は横5㌳（1.524㍍）、縦34㌅（86.4㌢）である。

フ ェ ア ボ ー ル

（定義25参照）

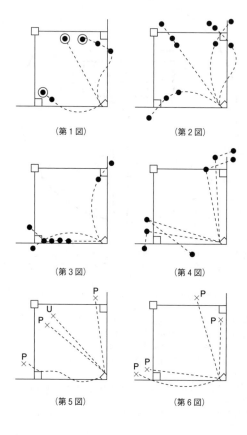

（第1図）　　　　　　　（第2図）

（第3図）　　　　　　　（第4図）

（第5図）　　　　　　　（第6図）

左の諸図のうち、黒点はボールが地上に触れた地点、二重丸はボールが静止した地点、点線は空間を通過した経路、Pはプレーヤー、Uは審判員を示す。

第1図　一度ファウル地域に出ても、再び内野に止まったときは、フェアボールである。

第2図　バウンドしながら内野から外野へ越えていく場合には、一塁または三塁を基準として判断すべきであって、一塁または三塁を過ぎるときに、フェア地域内またはその上方空間にあった場合は、その後ファウル地域に出てもフェアボールである。

第3図　一度塁に触れれば、その後どの方向に転じても、すべてフェアボールである。

第4図　最初落ちた地点が、内野と外野との境にあたる一塁二塁間、二塁三塁間の線上、または外野のフェア地域であれば、その後内外野を問わずファウル地域に出ても、フェアボールである。

第5図　フェア地域内またはその上方空間で、審判員またはプレーヤーに触れたときは、すべてフェアボールである。（×印は地上で触れた点を示す）

第6図　ボールが最初野手に触れた位置が、フェア地域内の上方空間であれば、フェアボールである。たとえその野手の身体の大部分、すなわち足、胴体などがファウル地域内にあっても、それには関係しない。（Pは野手の身体の大部分、×印はボールが最初野手に触れた位置を示す。審判員に触れた場合もこの例と同じである）

ファウルボール

(定義32参照)

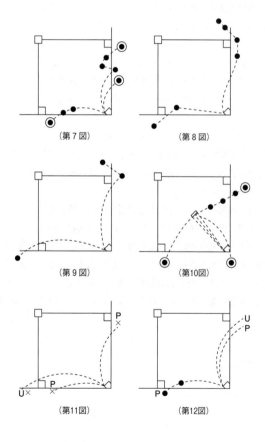

(第7図)　　　　　(第8図)

(第9図)　　　　　(第10図)

(第11図)　　　　　(第12図)

左の諸図のうち、黒点はボールが地上に触れた地点、二重丸はボールが静止した地点、点線は空間を通過した経路、Pはプレーヤー、Uは審判員を示す。

第7図　打球が最初内野のフェア地域に触れることがあっても、結局本塁一塁間、本塁三塁間のファウル地域で止まったものはファウルボールである。

第8図　バウンドしながら内野から外野に越えていく場合には、一塁または三塁を基準として判断すべきであって、一塁または三塁を過ぎるときに、ファウル地域内またはその上方空間にあった場合は、ファウルボールである。

第9図　最初落ちた地点が外野のファウル地域内であれば、その後フェア地域に転じても、ファウルボールである。

第10図　ボールが野手に触れることなく投手板に当たり、リバウンドして一塁本塁間または三塁本塁間のファウル地域に出て止まった場合は、ファウルボールである。

第11図　ボールが最初野手に触れた位置がファウル地域内の上方空間であれば、ファウルボールである。たとえその野手の身体の大部分、すなわち足、胴体などがフェア地域内にあっても、それには関係しない。（Pは野手の身体の大部分、×印はボールが最初野手に触れた位置を示す。審判員に触れた場合も同じである）

第12図　ファウル地域内またはその上方空間で、プレーヤーまたは審判員の身体に触れたときは、ファウルボールである。

ストライクゾーン

(定義73参照)

肩の上部

中間点

ズボンの上部

膝頭の下部

ストライク
ゾーン

正 式 試 合

(本文7.01参照)

1．5回の表裏の攻撃が終わらないうちに、球審が打ち切りを命じたときは、原則として、ノーゲームとなる。(例1、例2参照)

2．（1）　ホームチームの得点が、ビジティングチームの得点より多い場合は、5回の裏を行なわなかったとき（例3）、または5回の裏の途中で試合終了が命じられたとき（例4）には、正式試合となる。

（2）　ホームチームが5回の裏に得点して、ビジティングチームの得点と等しくなり、しかもその回が終わる前に打ち切りが命じられたとき（例5）には、正式試合となる。

3．コールドゲームは、球審が打ち切りを命じたときの両チームの総得点でその試合の勝敗を決するのが原則である。(例6〜12参照)

4．7.01（g）（4）〔注〕の①②の場合、すなわちビジティングチームがホームチームと等しくなる得点、またはリードを奪う得点を表の攻撃で記録したのに対して、ホームチームがその裏に得点しないうちにコールドゲームとなるか、またはホームチームが得点しても同点とならないうちか、リードを奪い返さないうちにコールドゲームになった場合には、ともに完了した均等回の総得点でその試合の勝敗を決する。(例13、例14参照)

正　式　試　合

【例1】
```
        1 2 3 4 5      6 7 8 9
甲  0 0 1 0 2          |        | ノーゲーム
乙  1 0 2 0 0+x        |        |
```

【例2】
```
        1 2 3 4 5      6 7 8 9
甲  2 0 0 1 0          |        | ノーゲーム
乙  0 2 0 0 0+x        |        |
```

【例3】
```
        1 2 3 4 5      6 7 8 9
甲  0 1 0 0 2          |        | 3
乙  1 0 0 3            |        | 4
```

【例4】
```
        1 2 3 4 5      6 7 8 9
甲  0 1 0 0 2          |        | 3
乙  1 0 0 3 0+x        |        | 4
```

【例5】
```
        1 2 3 4 5      6 7 8 9
甲  0 0 3 0 0          |        | 3
乙  0 0 2 0 1+x        |        | 3
```

【例6】
```
        1 2 3 4 5 6    7 8 9
甲  0 2 0 1 0 5+x      |        | 8
乙  0 1 0 0 0          |        | 1
```

【例7】
```
        1 2 3 4 5 6 7    ·8 9
甲  1 0 0 1 0 0 1        |      | 3
乙  0 0 1 0 0 0 0+x      |      | 1
```

正 式 試 合

【例8】

	1 2 3 4 5 6		*7 8 9*	
甲	1 0 0 1 2 1	│	│	5
乙	0 0 0 0 0 6 +x	│	│	6

【例9】

	1 2 3 4 5 6		*7 8 9*	
甲	1 0 0 0 1 3	│	│	5
乙	1 1 1 0 0 3 +x	│	│	6

【例10】

	1 2 3 4 5 6		*7 8 9*	
甲	1 0 0 0 1 1	│	│	3
乙	1 0 2 0 0 2 +x	│	│	5

【例11】

	1 2 3 4 5 6		*7 8 9*	
甲	0 1 0 0 2 1 +x	│	│	4
乙	1 0 0 3 1	│	│	5

【例12】

	1 2 3 4 5		*6 7 8 9*	
甲	1 0 0 1 3	│	│	5
乙	1 1 1 0 2 +x	│	│	5

【例13】

	1 2 3 4 5 6		*7 8 9*	
甲	1 0 0 0 1 │ 3		│	2
乙	1 1 1 0 0 │ 1 +x		│	3

【例14】

	1 2 3 4 5 6		*7 8 9*	
甲	1 0 0 0 1 │ 1		│	2
乙	0 0 0 3 0 │ 0 +x		│	3

投手, 内外野手のグラブ

(本文3.06参照)

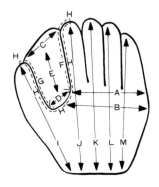

(A)　手のひらの幅————————————————————————————7 ¾ ㌅ (19.7㌢)

(B)　手のひらの幅————————————————————————————8 ㌅ (20.3㌢)

(C)　ウェブの先端の幅————4 ½ ㌅ (11.4㌢)　（ウェブの幅はどの部分でも 4 ½ ㌅以下）

(D)　ウェブの下端の幅————————————————————————3 ½ ㌅ (8.9㌢)

(E)　ウェブの先端から下端————————————————————5 ¾ ㌅ (14.6㌢)

(F)　人さし指のクロッチ部分の縫い目————————————5 ½ ㌅ (14.0㌢)

(G)　親指のクロッチ部分の縫い目————————————————5 ½ ㌅ (14.0㌢)

(H)　クロッチの縫い目——————————————————————13¾ ㌅ (34.9㌢)

(I)　親指の先端から下端————————————————————————7 ¾ ㌅ (19.7㌢)

(J)　人さし指の先端から下端————————————————————13 ㌅ (33.0㌢)

(K)　中指の先端から下端————————————————————————11¾ ㌅ (29.8㌢)

(L)　薬指の先端から下端————————————————————————10¾ ㌅ (27.3㌢)

(M)　小指の先端から下端————————————————————————9 ㌅ (22.9㌢)

投 球 姿 勢

(本文5.07a1, 同a2参照)

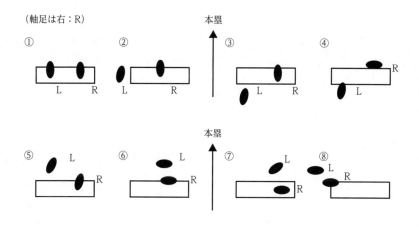

1. 走者がいないとき

①～⑧のいずれもワインドアップポジションとして投球することができる。

(軸足が投手板に触れてさえいれば、自由な足はどこに置いてもよい)

2. 走者がいるとき

(1) ①～⑤はワインドアップポジション。

(2) ⑥～⑧は軸足を投手板に並行に触れ、自由な足を投手板の前方に置いているのでセットポジション。

公認 野 球 規 則 目 次

凡　　　例

- 2024年度セントラル・パシフィック両リーグの選手権試合、アマチュア野球5団体の公式大会は、本規則書の適用のもとに行なわれる。
- 文中【付記】【規則説明】【原注】【例外】とあるのは、米国オフィシャル・ベースボール・ルールズに付された説明または適用上の解釈をいう。
- 文中【注】とあるのは、編者が必要と認めた説明または適用上の解釈をいう。
- 「飛球が野手に触れた瞬間に塁を離れた」とか「飛球が野手に触れるより前に塁を離れた」と書くべきところを、本規則書では「飛球の捕球前、または飛球が捕られた後、塁を離れた」あるいは「離塁が捕球より早かった」などの言葉を用いてこれに充てている。
- 本来「打者走者」と書くべきところを、本規則書では、しばしば「打者」とか「走者」と記載している。
- 「走者が、一、二、三、本塁の順序またはこれと逆の順序で走塁する」と書くべきところを、本規則書では、「走者が進塁または逆走する」としている。
- 文中「ビジティングチーム」とあるのは先攻チーム、「ホームチーム」とあるのは後攻チームのことを指す。
- 文中「ボール」とあるのは「使用球」または「球」のことを指す。
- 文中「ボール」とあるのは、ストライクゾーンを通過しなかった投球、すなわち、いわゆる〝ボール〟のことを指す。
- 記録に関する規則の中、たとえば「勝ちチーム」「勝ち投手」「敗け投手」と書くべきところを、本規則書では「勝チーム」「勝投手」「敗投手」と記載している。
- 規則本文および【原注】【注】の中、《新》が付されている全文および《　》で囲んである部分は、いずれも2024年度において改正された個所を示す。

2024

公　認

野　球　規　則

1.00　試合の目的

1.01　野球は、囲いのある競技場で、監督が指揮する9人のプレーヤーから成る二つのチームの間で、1人ないし数人の審判員の権限のもとに、本規則に従って行なわれる競技である。

1.02　攻撃側は、まず打者が走者となり、走者となれば進塁して得点することに努める。

1.03　守備側は、相手の打者が走者となることを防ぎ、走者となった場合は、その進塁を最小限にとどめるように努める。

1.04　打者が走者となり、正規にすべての塁に触れたときは、そのチームに1点が記録される。

1.05　各チームは、相手チームより多くの得点を記録して、勝つことを目的とする。

1.06　正式試合が終わったとき、本規則によって記録した得点の多い方が、その試合の勝者となる。

2.00 　競　技　場

2.01　競技場の設定

　　競技場は、次にしるす要領により、巻頭1、2、3図のように設定する。

　　まず、本塁の位置を決め、その地点から二塁を設けたい方向に、鋼鉄製巻尺で、127フィート3³⁄₈インチ（38.795メートル）の距離を測って二塁の位置を定める。次に本塁と二塁を基点にしてそれぞれ90フィート（27.431メートル）を測り、本塁から向かって右側の交点を一塁とし、本塁から向かって左側の交点を三塁とする。したがって、一塁から三塁までの距離は127フィート3³⁄₈インチとなる。

　　本塁からの距離は、すべて一塁線と三塁線との交点を基点として測る。

　　本塁から投手板を経て二塁に向かう線は、東北東に向かっていることを理想とする。

　　90フィート平方の内野を作るには、まず各ベースライン（塁線）およびホームプレート（本塁）を同一水平面上に設け、続いて内野の中央付近に投手板をホームプレートより10インチ（25.4センチ）高い場所に設け、投手板の前方6インチ（15.2センチ）の地点から、本塁に向かって6フィート（182.9センチ）の地点まで、1フィート（30.5センチ）につき1インチ（2.5センチ）の傾斜をつけ、その傾斜は各競技場とも同一でなければならない。

　　本塁からバックストップまでの距離、塁線からファウルグラウンドにあるフェンス、スタンドまたはプレイの妨げになる施設までの距離は、60フィート（18.288メートル）以上を《推奨する》。（巻頭1図参照）

　　外野は、1図に示すように、一塁線および三塁線を延長したファウルラインの間の地域である。本塁よりフェアグラウンドにあるフェンス、スタンドまたはプレイの妨げになる施設までの距離は250フィート（76.199メートル）以上を必要とするが、両翼は320フィート（97.534メートル）以上、中堅は400フィート（121.918メートル）以上あることが優先して望まれる。

　　境界線（ファウルラインおよびその延長として設けられたファウルポール）を含む内野および外野は、フェアグラウンドであり、その他の地域はファウルグラウン

ドである。

　キャッチャースボックス、バッタースボックス、コーチスボックス、スリーフット・ファーストベースラインおよびネクスト・バッタースボックスは巻頭1、2図のように描く。

　図表中のファウルラインおよび太線で示されている諸線は、塗料、または無害かつ不燃性のチョーク、その他の白い材料で描く。

　巻頭1図のグラスライン（芝生の線）および芝生の広さは、多くの競技場が用いている規格を示したものであるが、その規格は必ずしも強制されるものではなく、各クラブは任意に芝生および芝生のない地面の広さや形を定めることができる。《ただし、内野の境目となるグラスラインは、投手板の中心から半径95ⁿⁱ（28.955ᵐᵉₜᵣₗ）の距離とし、前後各1ⁿⁱについては許容される。しかし、投手板の中心から94ⁿⁱ（28.651ᵐᵉₜᵣₗ）未満や96ⁿⁱ（29.26ᵐᵉₜᵣₗ）を超える箇所があってはならない。》

　　【注】《新》我が国では、内野の境目となるグラスラインまでの距離については、適用しない。
　　【軟式注】　学童部では、投手板と本塁間および各塁間の距離を次のとおりとする。
　　　　塁間の距離は23ᵐᵉₜᵣₗ。投手板と本塁との距離は16ᵐᵉₜᵣₗ。

2.02　本　　　塁

　本塁は五角形の白色のゴム板で表示する。この五角形を作るには、まず1辺が17ⁱₙ（43.2ᶜᵐ）の正方形を描き、17ⁱₙの1辺を決めてこれに隣り合った両側の辺を8½ⁱₙ（21.6ᶜᵐ）とする。それぞれの点から各12ⁱₙ（30.5ᶜᵐ）の2辺を作る。12ⁱₙの2辺が交わった個所を本塁一塁線、本塁三塁線の交点に置き、17ⁱₙの辺が投手板に面し、二つの12ⁱₙの辺が一塁線および三塁線に一致し、その表面が地面と水平になるように固定する。（巻頭2図参照）

2.03　塁

　　一塁、二塁、三塁は、白色のキャンバスまたはゴムで被覆されたバッグで表示し、巻頭2図に示すように地面に正しく固定する。

　　一塁と三塁のバッグは、完全に内野の内に入るように設置し、二塁のバッグは、図表の二塁の地点にその中心がくるように設置する。

　　キャンバスバッグはその中に柔らかい材料を詰めて作り、その大きさは《18インチ（45.7センチ）》平方、厚さは3インチ（7.6センチ）ないし5インチ（12.7センチ）である。

　　　　【注】《新》我が国では、一塁、二塁、三塁のキャンバスバッグの大きさは15インチ（38.1センチ）平方とする。

2.04　投　手　板

　　投手板は横24インチ（61.0センチ）縦6インチ（15.2センチ）の長方形の白色ゴムの平板で作る。投手板は巻頭1、2、3図に示す個所の地面に固定し、その前縁の中央から本塁（五角形の先端）までの距離は60フィート6インチ（18.44メートル）とする。

2.05　ベ　ン　チ

　　ホームクラブは、ホームチーム用およびビジティングチーム用として、各1個のプレーヤースベンチを設け、これには左右後方の三方に囲いをめぐらし、屋根を設けることが必要である。

3.00 用具・ユニフォーム

3.01 ボール

　　ボールはコルク、ゴムまたはこれに類する材料の小さい芯に糸を巻きつけ、白色の馬皮または牛皮 2 片でこれを包み、頑丈に縫い合わせて作る。重量は 5 ${}^{オン}_{ス}$ ないし 5¼${}^{オン}_{ス}$（141.7${}^{グラ}_{ム}$〜148.8${}^{グラ}_{ム}$）、周囲は 9 ${}^{イン}_{チ}$ ないし 9 ¼${}^{イン}_{チ}$（22.9${}^{セン}_{チ}$〜23.5${}^{セン}_{チ}$）とする。

　　【注 1 】　我が国では牛皮のものを用いる。
　　【軟式注】　軟式野球ボールは、外周はゴム製で、M号、J号、D号、H号の 4 種類がある。M号は一般用、J号、D号は少年用のいずれも中空ボールで、H号は一般用の充填物の入ったボールである。
　　　　ボールの標準は次のとおりである。（反発は150${}^{セン}_{チ}$の高さから大理石板に落として測る。M号、J号の20％圧縮荷重は、ボール直径の20％をつぶしたときの力を測る）

	直　径	重　量	反　発	20％圧縮荷重
M号	71.5${}^{ミ}_{リ}$〜72.5${}^{ミ}_{リ}$	136.2${}^{グラ}_{ム}$〜139.8${}^{グラ}_{ム}$	70${}^{セン}_{チ}$〜90${}^{セン}_{チ}$	32${}^{キロ}_{グラム}$〜40${}^{キロ}_{グラム}$
J号	68.5${}^{ミ}_{リ}$〜69.5${}^{ミ}_{リ}$	127.2${}^{グラ}_{ム}$〜130.8${}^{グラ}_{ム}$	60${}^{セン}_{チ}$〜80${}^{セン}_{チ}$	27${}^{キロ}_{グラム}$〜37${}^{キロ}_{グラム}$
D号	64.0${}^{ミ}_{リ}$〜65.0${}^{ミ}_{リ}$	105.0${}^{グラ}_{ム}$〜110.0${}^{グラ}_{ム}$	65${}^{セン}_{チ}$〜85${}^{セン}_{チ}$	
H号	71.5${}^{ミ}_{リ}$〜72.5${}^{ミ}_{リ}$	141.2${}^{グラ}_{ム}$〜144.8${}^{グラ}_{ム}$	50${}^{セン}_{チ}$〜70${}^{セン}_{チ}$	

　　プレーヤーが、土、ロジン、パラフィン、甘草、サンドペーパー、エメリーペーパー、その他のもので、ボールを故意に汚すことは禁じられる。
　　ペナルティ　審判員は、そのボールの返還を求め、反則した者を試合から除く。
　　　　さらに、反則者は自動的に以後10試合の出場停止となる。ボールを傷つけた投手に関しては6.02（c）（2）〜（6）、6.02（d）参照。

　　【注 2 】　アマチュア野球では、このペナルティを適用せず、審判員が、その反則者に注意して、そのボールの返還を求めるにとどめるが、その後も、故意に同様の行為

を繰り返した場合には、試合から除く。

【原注】　ボールが試合中、部分的にはがれた場合は、そのプレイが完了するまで、ボールインプレイの状態は続く。

3.02　バット

（a）　バットはなめらかな円い棒であり、太さはその最も太い部分の直径が2.61㌅（6.6㌢）以下、長さは42㌅（106.7㌢）以下であることが必要である。バットは1本の木材で作られるべきである。

【付記】　接合バットまたは試作中のバットは、製造業者がその製造の意図と方法とについて、規則委員会の承認を得るまで、プロフェッショナル野球（公式試合および非公式試合）では使用できない。

【注1】　我が国のプロ野球では、金属製バット、木片の接合バットおよび竹の接合バットは、コミッショナーの許可があるまで使用できない。

【注2】　アマチュア野球では、所属する団体が公認すれば、金属製バット、木片の接合バットおよび竹の接合バットの使用ができる。ただし、接合バットについては、バット内部を加工したものは使用できない。(6.03a5参照)

（b）　カップバット（先端をえぐったバット）
　　バットの先端をえぐるときには、深さ1¼㌅（3.2㌢）以内、直径1㌅以上2㌅（5.1㌢）以内で、しかもそのくぼみの断面は、椀状にカーブしていなければならない。なお、この際、直角にえぐったり、異物を付着させてはならない。

（c）　バットの握りの部分（端から18㌅（45.7㌢））には、何らかの物質を付着したり、ザラザラにして握りやすくすることは許されるが、18㌅の制限を超えてまで細工したバットを試合に使用することは禁じられる。

【付記】　審判員は、打者の使用したバットが、打者の打撃中または打撃終了後に、本項に適合していないことを発見しても、打者にアウトを宣告したり、打者を試合から除いたりする理由としてはならない。

【原注】　パインタールが18ｲﾝﾁの制限を超えて付着していた場合には、審判員は、自らの判断や相手チームからの異議があれば、バットの交換を命じる。制限を超えた部分のパインタールが取り除かれた場合だけ、打者は以後その試合でそのバットを使用することができる。
　　　バットの使用以前に指摘がなければ、本項に適合していないバットによるプレイはすべて有効である。

（d）　プロフェッショナル野球では、規則委員会の認可がなければ、着色バットは使用できない。

【注１】　我が国のプロ野球では、着色バットの色については別に定める規定に従う。
【注２】　アマチュア野球では、所属する団体の規定に従う。

3.03　ユニフォーム

（a）　同一チームの各プレーヤーは、同色、同形、同意匠のユニフォームを着用し、そのユニフォームには６ｲﾝﾁ（15.2ｾﾝﾁ）以上の大きさの背番号をつけなければならない。

（b）　アンダーシャツの外から見える部分は、同一チームの各プレーヤー全員が同じ色でなければならない。
　　　投手以外の各プレーヤーは、アンダーシャツの袖に番号、文字、記章などをつけることができる。

（c）　自チームの他のプレーヤーと異なるユニフォームを着たプレーヤーは試合には参加できない。

【注】　各プレーヤーはコートを着て競技にたずさわることはできない。ただし、ベースコーチと走者となった投手を除く。

（d）　リーグは次のことを規定する。

（1）　各チームは、常に独自のユニフォームを着なければならない。

（2）　各チームは、ホームゲーム用として白色、ロードゲーム用として色物の生地を用いて作った2組のユニフォームを用意しなければならない。

　　【注】　アマチュア野球では、必ずしもホームチームのときは白色、ビジティングチームのときは色物のユニフォームを着なくてもよい。

（e）　各プレーヤーのユニフォームの袖の長さは、各人によって異なっていてもよいが、各自の両袖の長さは、ほぼ同一にしなければならない。

　　各プレーヤーは、その袖がボロボロになったり、切れたり、裂けたりしたユニフォームおよびアンダーシャツを着てはならない。

（f）　各プレーヤーは、そのユニフォームの色と異なった色のテープまたはその他のものを、ユニフォームにつけることはできない。

（g）　ユニフォームには、野球用ボールをかたどったり、連想させるような模様をつけてはならない。

（h）　ガラスのボタンやピカピカした金属を、ユニフォームにつけることはできない。

（i）　靴のかかとやつま先には、普通使われている部品以外のものをつけてはならない。ゴルフシューズ、または陸上競技用シューズに使われているスパイクに類似した、先のとがったスパイクをつけたシューズは使用できない。

（j）　ユニフォームのいかなる部分にも、宣伝、広告に類する布切れまたは図案をつけてはならない。

【注1】　我が国のプロ野球では、本項を適用しない。
【注2】　アマチュア野球では、所属する団体の規定に従う。

（k）　リーグは、所属するチームのユニフォームの背中にプレーヤーの名前をつけるように規定することができる。プレーヤーの姓以外の他の名前をつける場合は、リーグ事務局の承認を必要とする。名前をつけることが決定した場合は、チーム全員のユニフォームにつけなければならない。

【注】　アマチュア野球では、所属する団体の規定に従う。

3.04　捕手のミット

捕手の革製ミットの重量には制限がない。その大きさは、しめひも、革のバンドまたはミットの外縁につけられているふちどりも含めて外周で38ｲﾝ（96.5ｾﾝ）以下、ミットの先端から下端までは15½ｲﾝ（39.4ｾﾝ）以下でなければならない。ミットの親指の部分と人さし指の部分との間隔は、その先端で6ｲﾝ（15.2ｾﾝ）以下、親指の叉状の部分で4ｲﾝ（10.2ｾﾝ）以下でなければならない。

親指と人さし指との間にある網（ウェブ）は、両指の先端をつなぐ部分の長さは7ｲﾝ（17.8ｾﾝ）以下、先端から親指の叉状の部分までの長さは6ｲﾝ以下に作る。網はひもで編んだものでも、革で被覆したひもで編んだものでも、または、手のひらの部分の延長となるように革をひもでミットに結びつけたものでもよいが、前記の寸法を超えてはならない。

3.05　一塁手のグラブ

一塁手の革製グラブまたはミットの重量には制限がない。その大きさは、縦が先端から下端まで13ｲﾝ（33.0ｾﾝ）以下、親指の叉状の部分からミットの外縁まで測った手のひらの幅が8ｲﾝ（20.3ｾﾝ）以下、ミットの親指の部分と人さし指の部分との間隔は、ミットの先端で4ｲﾝ（10.2ｾﾝ）以下、親指の叉状の部分で3½ｲﾝ

（8.9ｾﾝﾁ）以下でなければならない。この間隔は一定に保ち、革以外のものを用いたり、特殊な方法で間隔を大きくしたり、伸ばしたり広げたり、深くすることは許されない。

親指と人さし指との間にある網（ウェブ）は、その先端から親指の叉状の部分まで長さが5ｲﾝﾁ（12.7ｾﾝﾁ）以下になるように作る。網（ウェブ）はひもで編んだものでも、革で被覆したひもで編んだものでも、または、手のひらの部分の延長となるような革をひもでミットに結びつけたものでもよいが、前記の寸法を超えてはならない。しかし、網（ウェブ）のひもに革以外のものを巻きつけたり、ひもを革以外のもので包んだり、または網（ウェブ）を深くしてわな（トラップ）のようなあみ形にすることは許されない。

3.06　野手のグラブ

捕手以外の野手の革製グラブの重量には制限がない。グラブの寸法を測るには、計測具または巻尺をグラブの前面またはボールをつかむ側に接触させ、外形をたどるようにする。その大きさは、縦が4本の指の各先端から、ボールが入る個所を通ってグラブの下端まで13ｲﾝﾁ（33.0ｾﾝﾁ）以下、手のひらの幅は、人さし指の下端の内側の縫い目から、各指の下端を通って小指外側の縁まで7¾ｲﾝﾁ（19.7ｾﾝﾁ）以下である。

親指と人さし指との間、いわゆる叉状の部分（クロッチ）に革の網（ウェブ）または壁形の革製品を取りつけてもよい。網（ウェブ）はクロッチをぴったりふさぐように2枚の普通の革を重ね合わせて作っても、トンネル型の革や長方形の革をつなぎ合わせて作っても、または革ひもを編んだもので作ってもよいが、わな（トラップ）のようなあみ形にするために革以外のものを巻きつけたり、革以外のもので包むことは許されない。網（ウェブ）がクロッチをきっちりふさいだとき、網（ウェブ）は柔軟性があってもさしつかえない。数個の部品をつなぎ合わせて網（ウェブ）を作るにあたって、それぞれをぴったりとくっつけなければならない。しかし、部品をわん曲させてくぼみを大きくさせてはならない。網（ウェブ）はクロッチの大きさを常に制御できるように作らなければならない。

クロッチの大きさは、その先端の幅が4½ｲﾝﾁ（11.4ｾﾝﾁ）以下、深さが5¾ｲﾝﾁ

（14.6ギン）以下、下端の幅が 3 ½ギン（8.9ギン）以下である。網はクロッチの上下左右どの部分にでも、きっちりと取りつけられていなければならない。革のしめひもで結びつけられたものは、しっかりとつなぎ合わされ、伸びたりゆるんだりしたときには、正常の状態に戻さなければならない。

3.07　投手のグラブ

（a）　投手のグラブは、縁取りを除き白色、灰色以外のものでなければならない。審判員の判断によるが、どんな方法であっても幻惑させるものであってはならない。

　　　守備位置に関係なく、野手はPANTONE®の色基準14番よりうすい色のグラブを使用することはできない。

　　　【注】　アマチュア野球では、投手のグラブについては、縁取り、しめひも、縫い糸を除くグラブ本体（捕球面、背面、網）は1色でなければならない。

（b）　投手は、そのグラブの色と異なった色のものを、グラブにつけることはできない。

（c）　球審は、自らの判断または他の審判員の助言があれば、あるいは相手チームの監督からの異議に球審が同意すれば、本条（a）または（b）項に違反しているグラブを取り替えさせる。

3.08　ヘルメット

　　プロフェッショナルリーグでは、ヘルメットの使用について、次のような規則を採用しなければならない。

（a）　プレーヤーは、打撃時間中および走者として塁に出ているときは、必ず野球用ヘルメットをかぶらなければならない。

（b）　マイナーリーグのプレーヤーは、打撃に際して両耳フラップヘルメットを着

用しなければならない。

（c）　メジャーリーグのプレーヤーは、片耳フラップヘルメット（プレーヤーが両耳フラップヘルメットを選んでもよい）を着用しなければならない。

【注】　アマチュア野球では、所属する団体の規定に従う。

（d）　捕手が投球を受けるときは、捕手の防護用のヘルメットおよびフェイスマスクを着用しなければならない。

（e）　ベースコーチは、コーチスボックスにいるときには、防護用のヘルメットを着用しなければならない。

（f）　バットボーイ、ボールボーイまたはバットガール、ボールガールは、その仕事にたずさわっているときは、防護用の両耳フラップヘルメットを着用しなければならない。

【3.08原注】　審判員は各項に対する規則違反を認めた場合には、これを是正するように命じる。審判員の判断で、適宜な時間がたっても是正されない場合には、違反者を試合から除く。

3.09　商業的宣伝

　ベース、投手板、ボール、バット、ユニフォーム、ミット、グラブ、ヘルメットその他本規則の各条項に規定された競技用具には、それらの製品のための不適当かつ過度な商業的宣伝が含まれていてはならない。

　製造業者によって、これらの用具にしるされる意匠、図案、商標、記号活字および用具の商品名などは、その大きさおよび内容において妥当とされる範囲のものでなければならない。

　本条は、プロフェッショナルリーグだけに適用される。

【付記】 製造業者が、プロフェッショナルリーグ用の競技用具に、きわだった新しい変更を企図するときには、その製造に先立ちプロ野球規則委員会にその変更を提示して同意を求めなければならない。

【注1】 製造業者には、販売業者を含む。

【注2】 製造業者（販売業者を含む）以外のものの宣伝は、いずれの競技用具にも一切つけてはならない。

【注3】 ① バットの表面の焼印などの内容およびサイズなどは後記の範囲内にとどめなければならない。

　バットの先端部分には、バットモデルと、バットの品名、品番、材種のみを表示するものとし、マーク類は表示できない。

　なお、これらの表示については、レーザー照射による文字入れを認める。

　これらの表示は、バットの長さに沿って、縦5ゼ以下、横9.5ゼ以下の範囲内におさめ、文字の大きさは、それぞれ縦2ゼ以下、横2ゼ以下でなければならない。

　握りに近い部分には、製造業者または製造委託者の名称を含む商標を表示するものとし、これらの表示は、バットの長さに沿って、縦6.5ゼ以下、横12.5ゼ以下の範囲内におさめなければならない。

　前記商標などは、すべてバットの同一面に表示しなければならない。

② ユニフォーム（帽子、ストッキングを含む）、ベルト、ソックス、アンダーシャツ、ウィンドブレイカー、ジャンパー、ヘルメットの表面のいかなる部分にも商標などの表示をすることはできない。

③ ミットまたはグラブに表示する商標は、布片、刺繍または野球規則委員会の承認を受けた樹脂製の成型物によるものとし、これを表示する個所は背帯あるいは背帯に近い部分、または親指のつけ根の部分のうちのいずれか1カ所に限定し、その大きさは縦4ゼ以下、横7ゼ以下でなければならない。

　マーク類を布片、刺繍または樹脂製の成型物、あるいはスタンプによって表示する場合（エナメル素材のように光る素材での表示は認められない）は、親指のつけ根に近い個所に限定し、その大きさは、縦3.5ゼ、横3.5ゼ以下でなければならない。

　投手用グラブに商標およびマーク類を布片または刺繍によって表示する場合、その色は、文字の部分を含み、すべて白色または灰色以外の色でなければならない。ただし、野球規則委員会が特に認めた場合は、この限りではない。

品名、品番、マーク類などをスタンプによって表示する場合の色は、黒色または焼印の自然色でなければならない。

④ 手袋およびリストバンドに商標などを表示する場合は、1カ所に限定し、その大きさは、14平方㌢以下でなければならない。

⑤ 以上の用具以外の用具のコマーシャリゼーションについては、本条の趣旨に従い、野球規則委員会がその都度、その適否を判断する。

【注4】 本条は、アマチュア野球でも適用することとし、所属する団体の規定に従う。

3.10 競技場内の用具

（a） 攻撃側プレーヤーは、自チームの攻撃中には、グラブ、その他の用具を競技場内からダッグアウトに持ち帰らなければならない。フェア地域とファウル地域とを問わず、競技場内には何物も残しておいてはならない。

（b） シフトをとるために、野手の守備位置を示す、いかなる印も競技場内につけてはならない。

4.00　試合の準備

4.01　審判員の任務

　審判員は、試合開始前に、次のことをしなければならない。

（a）　競技に使用される用具、およびプレーヤーの装具が、すべて規則にかなって
　　　いるかどうかを厳重に監視する。

（b）　塗料、チョーク、その他の白色材料で引かれた競技場の諸線（図表1、2の
　　　太線）が、地面または芝生からはっきりと見分けがつくようにできあがっている
　　　かどうかを確かめる。

（c）　正規のボール（リーグ事務局がホームクラブに対して、その個数および製品
　　　について証明済みのもの）を、ホームクラブから受け取る。審判員はボールを検
　　　査し、ボールの光沢を消すため特殊な砂を用いて適度にこねられていることを確
　　　認する。審判員は、その単独判断でボールの適否を決定する。

　　　【注】　アマチュア野球では、ボールはホームチームまたは主催者が供給する。

（d）　正規のボールを少なくとも1ダース、必要に応じてただちに使用できるよう
　　　に、ホームクラブが準備しているかどうかを確かめる。

（e）　少なくとも2個のボールを予備に持ち、試合中、必要に応じてその都度、予
　　　備のボールの補充を要求する。これらのボールを、次の場合に使用する。

　　（1）　ボールがプレイングフィールドの外へ出た場合。

　　（2）　ボールが汚れた場合、あるいはボールがなんらかの理由で使えなくなった
　　　　場合。

　　（3）　投手がボールの交換を求めた場合。

　【原注】　球審は、ボールデッドとなりすべてのプレイが終わるまで投手にボールを手渡
　　　してはならない。フェアの打球または野手の送球がプレイングフィールドの外へ出た場

合は、走者および打者が与えられた塁に達するまで、予備のボールを渡してプレイを再
開してはならない。また、打者がプレイングフィールドの外へ本塁打を打ったときは、
その打者が本塁を踏み終わるまで球審は、新しいボールを投手または、捕手に手渡して
はならない。

（f）　試合開始前に公認ロジンバッグが投手板の後方に置かれていることを確認す
る。

（g）　球審は、暗くなったので、それ以後のプレイに支障をきたすと認めたときは、
いつでも競技場のライトを点灯するように命じることができる。

4.02　監　　　督

（a）　クラブは試合開始予定時刻30分前までに、リーグ事務局、または当該試合
の球審に対して監督を指定しなければならない。

（b）　監督は、プレーヤーまたはコーチにリーグの規約に基づく特別な任務を任せ
たことを、球審に通告することができる。

この通告があれば本野球規則は、この指名された代理者を公式のものとして認
める。

監督は自チームの行動、野球規則の遵守、審判員への服従に関しては、全責任
を持つ。

（c）　監督が競技場を離れるときは、プレーヤー、またはコーチを自己の代理者と
して指定しなければならない。このような監督の代理者は監督としての義務、権
利、責任を持つ。もし監督が競技場を離れるまでに、自己の代理者を指定しなか
ったり、これを拒否した場合には、球審がチームの一員を監督の代理者として指
定する。

4.03　打順表の交換

ホームクラブが試合の延期または試合開始の遅延をあらかじめ申し出た場合を除

いて、1人ないし数人の審判員は、試合開始予定時刻の5分前に競技場内に入り、
ただちに本塁に進み、両チームの監督に迎えられる。

（a）　まず、ホームチームの監督、または監督が指名した者が、球審に2通の打順
　　表を手渡す。

（b）　次に、ビジティングチームの監督、または監督が指名した者が、球審に2通
　　の打順表を手渡す。

（c）　球審に手渡される打順表には、各プレーヤーの守備位置も記載されなければ
　　ならない。指名打者を使用する場合は、どの打者が指名打者であるのかを打順表
　　に明記しなければならない。

（d）　球審は、受領した打順表の正本が副本と同一であるかどうかを照合した後、
　　相手チームの監督にそれぞれ打順表の副本を手交する。球審の手元にあるものが
　　正式の打順表となる。球審による打順表の手交は、それぞれの打順表の確定を意
　　味する。したがって、それ以後、監督がプレーヤーを交代させるには規則に基づ
　　いて行なわなければならない。

（e）　ホームチームの打順表が球審に手渡されると同時に、競技場の全責任は、各
　　審判員に託される。そして、その時を期して、球審は天候、競技場の状態などに
　　応じて、試合打ち切りの宣告、試合の一時停止あるいは試合再開などに関する唯
　　一の決定者となる。

　　　球審はプレイを中断した後、少なくとも30分を経過するまでは、打ち切りを
　　命じてはならない。また球審はプレイ再開の可能性があると確信すれば、一時停
　　止の状態を延長してもさしつかえない。

【4.03原注】　球審は、試合開始の〝プレイ〟を宣告する前に、打順表における明らかな
　　誤記を見つけた場合、まず誤記をしたチームの監督またはキャプテンに注意し、それを
　　訂正させることができる。たとえば、監督が不注意にも打順表に8人しか記載しなかっ
　　たり、同姓の2人を区別する頭文字をつけないで記載した場合、球審がこれらの誤記を
　　試合開始前に見つけたら、訂正させなければならない。明らかな不注意や試合開始前に

訂正できる誤りのために、試合が始まってからチームが束縛されるべきではない。

　球審は、いかなる場合でも、試合を完了するように努力しなければならない。試合完了の確信があれば、球審は、その権限において、30分にわたる〝一時停止〟を何度繰り返しても、あくまで試合を続行するように努め、試合の打ち切りを命じるのは、その試合を完了させる可能性がないと思われる場合だけである。

4.04　競技場使用の適否の決定権

（ａ）　ホームチームだけが、天候、競技場の状態が試合を開始するのに適しているかどうかを決定する権限を持っている。ただし、ダブルヘッダーの第2試合の場合を除く。

　【例外】　全日程が消化できず、そのリーグの最終順位が、実際の勝敗の結果によらずに決まることがないようにするために、最終の数週間、そのリーグに限って、本条の適用を中止する権限を、リーグ事務局に全面的に付与することができる。たとえば、選手権試合の終期の節において、いずれか2チーム間の試合を延期したり、または挙行しなかったことが、リーグの最終順位に影響を及ぼすおそれのある場合には、そのリーグ所属チームの要請によって、本条によるホームチームに付与されている権限を、リーグ事務局が持つことができる。

　【注】　アマチュア野球では、本項を適用しない。

（ｂ）　ダブルヘッダーの第1試合の球審だけが、天候、競技場の状態がダブルヘッダーの第2試合を開始するのに適しているかどうかを決定する権限を持っている。

4.05　特別グラウンドルール

　観衆が競技場内にあふれ出ている場合、ホームチームの監督は、打球、送球が観衆内に入ったときはもちろん、不測の事態が生じた場合など、あらゆる点を考慮し

て、広範囲に及ぶグラウンドルールを作って、球審ならびに相手チームの監督に指
示して承諾を求める。相手チームの監督がこれを承諾すれば、そのグラウンドルー
ルは正規のものとなるが、万一承諾しないときは、球審は、プレイに関する規則に
抵触しない範囲内で、競技場の状態から推測して必要と思われる特別グラウンドル
ールを作成して、これを実行させる。

4.06　ユニフォーム着用者の禁止事項

　ユニフォーム着用者は、次のことが禁じられる。
（1）　プレーヤーが、試合前、試合中、または試合終了後を問わず、観衆に話し
　　かけたり、席を同じくしたり、スタンドに座ること。
（2）　監督、コーチまたはプレーヤーが、試合前、試合中を問わず、いかなると
　　きでも観衆に話しかけたり、または相手チームのプレーヤーと親睦的態度をと
　　ること。

　【注】　アマチュア野球では、次の試合に出場するプレーヤーがスタンドで観戦するこ
　　とを特に許す場合もある。

4.07　安 全 対 策

（a）　試合中は、ユニフォームを着たプレーヤーおよびコーチ、監督、ホームチー
　　ムによって公認されている報道写真班、審判員、制服を着た警官、ならびにホー
　　ムチームの警備員、その他の従業員のほかは、競技場内に入ってはならない。
（b）　ホームチームは、秩序を維持するのに十分な警察の保護を要請する備えをし
　　ておく義務がある。1人もしくは2人以上の人が試合中に競技場内に入り、どん
　　な方法ででもプレイを妨害した場合には、ビジティングチームは、競技場から
　　それらの人々が退去させられるまで、プレイを行なうことを拒否することができる。
　　ペナルティ　ビジティングチームがプレイを行なうことを拒否してから、15分
　　を経過した後、なお適宜な時間をかけても競技場からそれらの人々が退去させ

られなかった場合には、球審はフォーフィッテッドゲームを宣告してビジティ
ングチームの勝ちとすることができる。

【注1】　ここにいう〝適宜な時間〟とは、球審の判断に基づく適宜な時間を意味する。
　　　　フォーフィッテッドゲームは、同僚との協議の末、球審がとる最後の手段であっ
　　　て、すべての手段が尽き果てた後に、初めてこれを宣告するもので、料金を払って
　　　試合を見にきているファンを失望させることは極力避けなければならない。
【注2】　アマチュア野球では、ホームチームに代わって大会主催者、連盟などがその
　　　　責にあたる。

4.08　ダブルヘッダー

（a）（1）　選手権試合は、1日2試合まで行なうことができる。サスペンデッド
　　　ゲームを完了させるために、ダブルヘッダーとともに行なっても、本項に抵触
　　　することにはならない。

　　（2）　もし、同じ日に、一つの入場料で2試合が組まれている場合には、第1試
　　　合をその当日における正規の試合としなければならない。

（b）　ダブルヘッダーの第2試合は、第1試合の完了後でなければ開始してはなら
　　　ない。

（c）　ダブルヘッダーの第2試合は、第1試合の終了30分後に開始する。ただし、
　　　この2試合の間にこれ以上の時間（45分を超えないこと）を必要とするときは、
　　　第1試合終了時に、球審はその旨を宣告して相手チームの監督に通告しなければ
　　　ならない。

【例外】　ホームクラブが特別の行事のために、2試合の間を規定以上に延長した
　　　いと申し出て、リーグ事務局がこれを承認した場合には、球審はこの旨を宣告
　　　して、相手チームの監督に通告しなければならない。どの場合でも、第1試合
　　　の球審は、第2試合が開始されるまでの時間を監視する任にあたる。

【注】 両チーム監督の同意を得れば、ダブルヘッダーの第2試合を、第1試合の終了後30分以内に開始してもさしつかえない。

（d）　審判員は、ダブルヘッダーの第2試合をできる限り開始し、そして競技は、グラウンドコンディション、地方時間制限、天候状態などの許す限り、続行しなければならない。

（e）　正式に日程に組まれたダブルヘッダーが、降雨その他の理由で、開始が遅延した場合には、開始時間には関係なく開始されたその試合がダブルヘッダーの第1試合となる。

（f）　日程の変更により、ある試合をダブルヘッダーの一つに組み入れた場合は、その試合は第2試合となり、正式にその日の日程に組まれている試合が、第1試合となる。

（g）　ダブルヘッダーの第1試合と第2試合の間、または試合が競技場使用不適のために停止されている場合、競技場をプレイに適するようにするために、球審は球場管理人およびその助手を指図することができる。

ペナルティ　球場管理人およびその助手が球審の指図に従わなかった場合には、球審は、フォーフィッテッドゲームを宣告して、ビジティングチームに勝ちを与えることが許される。（7.03ｃ）

5.00　試合の進行

5.01　試合の開始
（ a ）　ホームチームの各プレーヤーが、それぞれの守備位置につき、ビジティング
　　チームの第1打者が、バッターボックス内に位置したとき、球審は〝プレイ〟
　　を宣告し、試合が開始される。
（ b ）　球審が〝プレイ〟を宣告すればボールインプレイとなり、規定によってボー
　　ルデッドとなるか、または審判員が〝タイム〟を宣告して試合を停止しない限り、
　　ボールインプレイの状態は続く。
（ c ）　まず、投手は打者に投球する。その投球を打つか打たないかは打者が選択す
　　る。

5.02　守 備 位 置
　　試合開始のとき、または試合中ボールインプレイとなるときは、捕手を除くすべ
ての野手はフェア地域にいなければならない。
（ a ）　**捕手は、ホームプレートの直後に位置しなければならない。**
　　　故意の四球が企図された場合は、ボールが投手の手を離れるまで、捕手はその
　　両足をキャッチャースボックス内に置いていなければならないが、その他の場合
　　は、捕球またはプレイのためならいつでもその位置を離れてもよい。
　　ペナルティ　ボークとなる。（6.02 a 12参照）
（ b ）　投手は、打者に投球するにあたって、正規の投球姿勢をとらなければならな
　　い。
（ c ）　投手と捕手を除く各野手は、フェア地域ならば、どこに位置してもさしつか
　　えない。

　　【注1】　投手が打者に投球する前に、捕手以外の野手がファウル地域に位置を占める
　　　ことは、本条で禁止されているが、これに違反した場合のペナルティはない。

　　審判員がこのような事態を発見した場合には、速やかに警告してフェア地域に戻らせた上、競技を続行しなければならないが、もし警告の余裕がなく、そのままプレイが行なわれた場合でも、この反則行為があったからといってすべての行為を無効としないで、その反則行為によって守備側が利益を得たと認められたときだけ、そのプレイは無効とする。

《内野手の守備位置については、次のとおり規定する。
（ⅰ）　投手が投手板に触れて、打者への投球動作および投球に関連する動作を開始するとき、4人の内野手は、内野の境目より前に、両足を完全に置いていなければならない。
（ⅱ）　投手が打者に対して投球するとき、4人の内野手のうち、2人ずつは二塁ベースの両側に分かれて、両足を位置した側に置いていなければならない。
（ⅲ）　二塁ベースの両側に分かれた2人の内野手は、投手がそのイニングの先頭打者に初球を投じるときから、そのイニングが完了するまで、他方の側の位置に入れ替わったり、移動したりできない。
　　　　ただし、守備側のプレーヤーが交代したとき（投手のみの交代は除く）は、いずれの内野手も他方の側の位置に入れ替わったり、移動してもかまわない。
　　　　イニングの途中で内野手として正規に出場したプレーヤーは、その交代後に投手が打者に投じるときから、そのイニングが完了するまで、他方の側の位置に入れ替わったり、移動したりできない（そのイニングで、その後再び別の交代があった場合は除く）。》

【原注】《新》審判員は、内野手の守備位置に関する本項の目的として、投手が投球する前に打者がどこへ打つのかを予測して、二塁ベースのどちらかの側に3人以上の内野手が位置するのを防ぐことであることに留意しなければならない。いずれかの野手が本項を出し抜こうとしたと審判員が判断した場合、次のペナルティが適用される。

ペナルティ《新》守備側チームが本項に違反した場合、投手の投球には**ボール**が宣告され、ボールデッドとなる。

　　ただし、打者が安打、失策、四球、死球、その他で一塁に達し、しかも他の全走者が少なくとも1個の塁を進んだときには、規則違反とは関係なく、プレイは続けられる。もし、本項に違反した後に、他のプレイ（たとえば、犠牲フライ、犠牲バントなど）があった場合は、攻撃側の監督は、そのプレイが終わってからただちに、違反行為に対するペナルティの代わりに、そのプレイを生かす旨を球審に通告することができる。

【注2】《新》我が国では、本項後段の内野手の守備位置については、適用しない。

5.03　ベースコーチ

（a）　攻撃側チームは、攻撃期間中、2人のベースコーチ——1人は一塁近く、他は三塁近く——を所定の位置につかせなければならない。

（b）　ベースコーチは、各チーム特に指定された2人に限られ、そのチームのユニフォームを着なければならない。

（c）　ベースコーチは、本規則に従いコーチスボックス内にとどまらなければならない。ただし、コーチが、プレーヤーに「滑れ」「進め」「戻れ」とシグナルを送るために、コーチスボックスを離れて、自分の受け持ちのベースで指示することは、プレイを妨げない限り許される。ベースコーチは、用具の交換を除き、特にサイン交換がなされている場合などには、走者の身体に触れてはならない。

　　ペナルティ　コーチは、打球が自分を通過するまで、コーチスボックスを出て、本塁寄りおよびフェア地域寄りに立っていてはならない。相手チーム監督の異議申し出があったら、審判員は、規則を厳しく適用しなければならない。審判員は、そのコーチに警告を発し、コーチスボックスに戻るように指示しなければならない。警告にもかかわらず、コーチスボックスに戻らなければ、そのコーチは試合から除かれる。加えて、リーグ事務局が制裁を科す対象となる。

【注1】　監督が指定されたコーチに代わって、ベースコーチとなることはさしつかえ

ない。

【注2】　アマチュア野球では、ベースコーチを必ずしも特定の2人に限る必要はない。

【注3】　コーチがプレイの妨げにならない範囲で、コーチスボックスを離れて指図することは許されるが、たとえば、三塁コーチが本塁付近にまできて、得点しようとする走者に対して、「滑れ」とシグナルを送るようなことは許されない。

5.04　打　　　者

（a）　打撃の順序

（1）　攻撃側の各プレーヤーはそのチームの打順表に記載されている順序に従って打たなければならない。

（2）　試合中、打撃順の変更は認められない。しかし、打順表に記載されているプレーヤーが控えのプレーヤーと代わることは許される。ただし、その控えのプレーヤーは退いたプレーヤーの打撃順を受け継がなければならない。

（3）　第2回以後の各回の第1打者は、前回正規に打撃（タイムアットバット）を完了した打者の次の打順のものである。

（b）　打者の義務

（1）　打者は自分の打順がきたら、速やかにバッタースボックスに入って、打撃姿勢をとらなければならない。

（2）　打者は、投手がセットポジションをとるか、またはワインドアップを始めた場合には、バッタースボックスの外に出たり、打撃姿勢をやめることは許されない。

　ペナルティ　打者が本項に違反した際、投手が投球すれば、球審はその投球によってボールまたはストライクを宣告する。

【原注】　打者は、思うままにバッタースボックスを出入りする自由は与えられていないから、打者が〝タイム〟を要求しないで、バッタースボックスを外したときに、ストライクゾーンに投球されれば、ストライクを宣告されてもやむを得ない。

　　打者が打撃姿勢をとった後、ロジンバッグやパインタールバッグを使用するために、

打者席から外に出ることは許されない。ただし、試合の進行が遅滞しているとか、天候上やむを得ないと球審が認めたときは除く。

　審判員は、投手がワインドアップを始めるか、セットポジションをとったならば、打者または攻撃側チームのメンバーのいかなる要求があっても〝タイム〟を宣告してはならない。たとえ、打者が〝目にごみが入った〟〝眼鏡がくもった〟〝サインが見えなかった〟など、その他どんな理由があっても、同様である。球審は、打者が打者席に入ってからでも〝タイム〟を要求することを許してもよいが、理由なくして打者席から離れることを許してはならない。球審が寛大にしなければしないほど、打者は打者席の中にいるのであり、投球されるまでそこにとどまっていなければならないということがわかるだろう（5.04b4参照）。

　打者が打者席に入ったのに、投手が正当な理由もなくぐずぐずしていると球審が判断したときには、打者がほんの僅かの間、打者席を離れることを許してもよい。走者が塁にいるとき、投手がワインドアップを始めたり、セットポジションをとった後、打者が打者席から出たり、打撃姿勢をやめたのにつられて投球を果たさなかった場合、審判員はボークを宣告してはならない。投手と打者との両者が規則違反をしているので、審判員はタイムを宣告して、投手も打者もあらためて〝出発点〟からやり直させる。

　以下はマイナーリーグで適用される〔原注〕の追加事項である。走者が塁にいるとき、投手がワインドアップを始めたり、セットポジションをとった後、打者が打者席から出たり、打撃姿勢をやめたのにつられて投球を果たさなかった場合、審判員はボークを宣告してはならない。打者のこのような行為は、バッタースボックスルールの違反として扱い、5.04(b)(4)(A)に定められたペナルティを適用する。

（3）　打者が、バッタースボックス内で打撃姿勢をとろうとしなかった場合、球審はストライクを宣告する。この場合はボールデッドとなり、いずれの走者も進塁できない。

　このペナルティの後、打者が正しい打撃姿勢をとれば、その後の投球は、その投球によってボールまたはストライクがカウントされる。打者が、このようなストライクを3回宣告されるまでに、打撃姿勢をとらなかったときは、アウトが宣告される。

【原注】　球審は、本項により打者にストライクを宣告した後、再びストライクを宣告するまでに、打者が正しい打撃姿勢をとるための適宜な時間を認める。

（4）　バッタースボックスルール

（A）　打者は打撃姿勢をとった後は、次の場合を除き、少なくとも一方の足をバッターボックス内に置いていなければならない。この場合は、打者はバッターボックスを離れてもよいが、〝ホームプレートを囲む土の部分〟を出てはならない。

（ⅰ）　打者が投球に対してバットを振った場合。

（ⅱ）　チェックスイングが塁審にリクエストされた場合。

（ⅲ）　打者が投球を避けてバランスを崩すか、バッターボックスの外に出ざるを得なかった場合。

（ⅳ）　いずれかのチームのメンバーが〝タイム〟を要求し認められた場合。

（ⅴ）　守備側のプレーヤーがいずれかの塁で走者に対するプレイを企てた場合。

（ⅵ）　打者がバントをするふりをした場合。

（ⅶ）　暴投または捕逸が発生した場合。

（ⅷ）　投手がボールを受け取った後マウンドの土の部分を離れた場合。

（ⅸ）　捕手が守備のためのシグナルを送るためキャッチャーボックスを離れた場合。

　　打者が意図的にバッターボックスを離れてプレイを遅らせ、かつ前記（ⅰ）～（ⅸ）の例外規定に該当しない場合、当該試合におけるその打者の最初の違反に対しては球審が警告を与え、その後違反が繰り返されたときにはリーグ事務局が然るべき制裁を科す。マイナーリーグでは、当該試合におけるその打者の2度目以降の違反に対して、投手が投球をしなくても球審はストライクを宣告する。この際、ボールデッドで、走者は進塁できない。

【注】　我が国では、所属する団体の規定に従う。

（B）　打者は、次の目的で〝タイム〟が宣告されたときは、バッターボック
スおよび〝ホームプレートを囲む土の部分〟を離れることができる。

（ⅰ）　負傷または負傷の可能性がある場合。

（ⅱ）　プレーヤーの交代。

（ⅲ）　いずれかのチームの協議。

【原注】　審判員は、前の打者が塁に出るかまたはアウトになれば、速やかにバッタース
ボックスに入るよう次打者に促さねばならない。

（5）　打者は、正規の打撃姿勢をとるためには、バッターボックスの内にその
両足を置くことが必要である。

【規則説明】　バッターボックスのラインは、バッターボックスの一部である。

（c）　打撃の完了

打者は、アウトになるか、走者となったときに、打撃を完了したことになる。

5.05　打者が走者となる場合

（a）　次の場合、打者は走者となる。

（1）　フェアボールを打った場合。

【原注】　投球が地面に触れた後、打者がこれを打ってバットに当たった場合には、イン
フライトの投球を打ったときと同様に扱う。

（2）（A）走者が一塁にいないとき、（B）走者が一塁にいても2アウトのとき、捕手が第3ストライクと宣告された投球を捕らえなかった場合。

【原注】 第3ストライクと宣告されただけで、まだアウトになっていない打者が、気がつかずに、一塁に向かおうとしなかった場合、その打者は〝ホームプレートを囲む土の部分〟を出たらただちにアウトが宣告される。

（3） 投球が地面に触れた後、ストライクゾーンを通過してもボールであり、そのバウンドした投球が打者に触れた場合は、球審の裁定で打者に一塁を与える。ただし、2ストライク後打者が打ったがバットに当たらなかったときは、捕手がそのままつかんでも〝捕球〟したものとはみなされない。（5.05 b 2、5.09 a 3）

（4） 野手（投手を除く）を通過したか、または野手（投手を含む）に触れたフェアボールが、フェア地域で審判員または走者に触れた場合。（走者については、6.01 a 11参照）

（5） フェア飛球が、本塁からの距離が250フィート（76.199メートル）以上あるフェンスを越えるか、スタンドに入った場合、打者がすべての塁を正規に触れれば、本塁打が与えられる。

　　フェア飛球が、本塁からの距離が250フィート（76.199メートル）未満のフェンスを越えるか、スタンドに入った場合は、二塁打が与えられる。

（6） フェアボールが、地面に触れた後、バウンドしてスタンドに入った場合、またはフェンス、スコアボード、灌木およびフェンス上のつる草を抜けるか、その下をくぐるか、挟まって止まった場合には、打者、走者ともに2個の進塁権が与えられる。

【注】 〝地面に触れた〟とあるのは、インフライトでない状態を指す。

（7）　フェアボール（地面に触れたものでも、地面に触れないものでも）が、フェンス、スコアボード、灌木およびフェンス上のつる草を抜けるか、その下をくぐった場合、フェンスまたはスコアボードの隙間を抜けた場合、あるいはフェンス、スコアボード、灌木およびフェンスのつる草に挟まって止まった場合には、打者、走者ともに2個の進塁権が与えられる。

（8）　バウンドしたフェアボールが、野手に触れて進路が変わり、フェア地域またはファウル地域のスタンドに入った場合か、フェンスを越えるか、くぐるかした場合、打者、走者ともに2個の進塁権が与えられる。

（9）　フェア飛球が野手に触れて進路が変わり、

（A）　ファウル地域のスタンドに入るか、またはファウル地域のフェンスを越えた場合——打者に二塁が与えられる。

（B）　フェア地域のスタンドに入るか、またはフェア地域のフェンスを越えた場合——打者に本塁が与えられる。

　　　ただし（B）の場合、そのスタンドまたはフェンスが、本塁から250フィート（76.199メートル）未満の距離にあるときは、打者に二塁が与えられるだけである。

【注】　（a）項各規定で、打者、走者ともに2個の進塁権が与えられる場合は、投手の投球当時に占有していた塁を基準とする。

（b）　打者は、次の場合走者となり、アウトにされるおそれなく、安全に一塁が与えられる。（ただし、打者が一塁に進んで、これに触れることを条件とする）

（1）　審判員が〝四球〟を宣告した場合。

【原注】　監督からのシグナルを得て審判員より一塁を与えられた打者を含む、ボール4個を得て一塁への安全進塁権を得た打者は、一塁へ進んでかつこれに触れなければならない義務を負う。これによって、塁上の走者は次塁への進塁を余儀なくされる。この考

え方は、満塁のときおよび代走者を出場させるときにも適用される。

打者への〝四球〟の宣告により、進塁を余儀なくされた走者が何らかのプレイがあると思い込んで塁に触れずにまたは触れてからでも、その塁を滑り越してしまえば、野手に触球されるとアウトになる。また、与えられた塁に触れそこなってその塁よりも余分に進もうとした場合には、身体またはその塁に触球されればアウトになる。

（2） 打者が打とうとしなかった投球に触れた場合。

ただし、（A）バウンドしない投球が、ストライクゾーンで打者に触れたとき、（B）打者が投球を避けないでこれに触れたときは除かれる。

バウンドしない投球がストライクゾーンで打者に触れた場合には、打者がこれを避けようとしたかどうかを問わず、すべてストライクが宣告される。

しかし、投球がストライクゾーンの外で打者に触れ、しかも、打者がこれを避けようとしなかった場合には、ボールが宣告される。

【規則説明】 打者が投球に触れたが一塁を許されなかった場合も、ボールデッドとなり、各走者は進塁できない。

【原注】 投球が打者の身に着けているネックレス、ブレスレットなどの装身具にだけ触れた場合には、その打者が投球に触れたものとはみなさない。

【注1】 〝投球がストライクゾーンで打者に触れた〟ということは、ホームプレートの上方空間に限らず、これを前後に延長した空間で打者に触れた場合も含む。

【注2】 投球が、ストライクゾーンの外で打者に触れた場合でも、その投球が、ストライクゾーンを通っていたときには、打者がこれを避けたかどうかを問わず、ストライクが宣告される。

【注3】 打者が投球を避けようとしたかどうかは、一に球審の判断によって決定されるものであって、投球の性質上避けることができなかったと球審が判断した場合には、避けようとした場合と同様に扱われる。

【注4】 投球がいったん地面に触れた後、これを避けようと試みた打者に触れた場合

も、打者には一塁が許される。ただし、ストライクゾーンを通ってからバウンドした投球に触れた場合を除く。

（3）　捕手またはその他の野手が、打者を妨害（インターフェア）した場合。

　　しかし、妨害にもかかわらずプレイが続けられたときには、攻撃側チームの監督は、そのプレイが終わってからただちに、妨害行為に対するペナルティの代わりに、そのプレイを生かす旨を球審に通告することができる。

　　ただし、妨害にもかかわらず、打者が安打、失策、四球、死球、その他で一塁に達し、しかも他の全走者が少なくとも１個の塁を進んだときは、妨害とは関係なく、プレイは続けられる。

【原注】　捕手の妨害が宣告されてもプレイが続けられたときは、そのプレイが終わってからこれを生かしたいと監督が申し出るかもしれないから、球審はそのプレイを継続させる。

　　打者走者が一塁を空過したり、走者が次塁を空過しても、〔5.06b3付記〕に規定されているように、塁に到達したものとみなされる。

　　監督がプレイを選ぶ場合の例。

①　１アウト走者三塁、打者が捕手に妨げられながらも外野に飛球を打ち、捕球後三塁走者が得点した。監督は、打者アウトで得点を記録するのと、走者三塁、一塁（打者が打撃妨害により出塁）とのいずれを選んでもよい。

②　０アウト走者二塁、打者は捕手に妨げられながらもバントして走者を三塁に進め、自らは一塁でアウトになった。監督は、０アウト走者二塁、一塁とするよりも、走者三塁で１アウトとなる方を選んでもよい。

　　三塁走者が盗塁またはスクイズプレイにより得点しようとした場合のペナルティは、6.01（g）に規定されている。

　　投手が投球する前に、捕手が打者を妨害した場合、本項でいう打者に対する妨害とは考えられるべきではない。このような場合には、審判員は〝タイム〟を宣告して〝出発点〟からやり直させる。

【注１】　監督がプレイを生かす旨を球審に通告するにあたっては、プレイが終わった

ら、ただちに行なわなければならない。なお、いったん通告したら、これを取り消すことはできない。

【注2】　監督がペナルティの適用を望んだ場合、次のとおり解釈できる。

　　捕手（または他の野手）が打者を妨害した場合、打者には一塁が与えられる。三塁走者が盗塁またはスクイズプレイによって得点しようとしたときに、この妨害があった場合にはボールデッドとし、三塁走者の得点を認め、打者には一塁が与えられる。

　　三塁走者が盗塁またはスクイズプレイで得点しようとしていなかったときに、捕手が打者を妨害した場合にはボールデッドとし、打者に一塁が与えられ、そのために塁を明け渡すことになった走者は進塁する。盗塁を企てていなかった走者と塁を明け渡さなくてもよい走者とは、妨害発生の瞬間に占有していた塁にとめおかれる。

（4）　野手（投手を含む）に触れていないフェアボールが、フェア地域で審判員または走者に触れた場合。

　　ただし、内野手（投手を除く）をいったん通過するか、または野手（投手を含む）に触れたフェアボールが審判員に触れた場合にはボールインプレイである。

5.06　走　　　者

（a）　塁の占有

（1）　走者がアウトになる前に他の走者の触れていない塁に触れれば、その塁を占有する権利を獲得する。

　　その走者は、アウトになるか、または、その塁に対する正規の占有権を持っている他の走者のためにその塁を明け渡す義務が生じるまで、その権利が与えられる。

【5.06 a・c原注】　走者が塁を正規に占有する権利を得て、しかも投手が投球姿勢に入った場合は、元の占有塁に戻ることは許されない。

（2）　2人の走者が同時に一つの塁を占有することは許されない。ボールインプレイの際、2人の走者が同一の塁に触れているときは、その塁を占有する権利は前位の走者に与えられているから、後位の走者はその塁に触れていても触球されればアウトとなる。ただし本条（b）（2）項適用の場合を除く。

（b）　進塁

（1）　走者は進塁するにあたり、一塁、二塁、三塁、本塁の順序に従って、各塁に触れなければならない。逆走しなければならないときも、5.06（c）の各規定のボールデッドとなっていない限り、すべての塁を逆の順序で、再度触れて行かなければならない。前記のボールデッドの際は、途中の塁を踏まないで、直接元の塁へ帰ることはさしつかえない。

【注1】　ボールインプレイ中に起きた行為（たとえば悪送球、ホームランまたは柵外に出たフェアヒットなど）の結果、安全進塁権が認められたときでも、走者が、進塁または逆走するにあたっては、各塁を正規に触れなければならない。

【注2】　〝逆走しなければならないとき〟というのは、

①　フライが飛んでいるうちに次塁へ進んだ走者が、捕球されたのを見て帰塁しようとする場合（5.09b5参照）

②　塁を空過した走者が、その塁を踏み直す場合（5.09c2参照）

③　自分よりも前位の走者に先んじるおそれがある場合（5.09b9参照）

を指すものであって、このようなときでも、逆の順序で各塁に触れなければならない。

（2）　打者が走者となったために進塁の義務が生じ、2人の走者が後位の走者が進むべき塁に触れている場合には、その塁を占有する権利は後位の走者に与えられているので、前位の走者は触球されるか、野手がボールを保持してその走者が進むべき塁に触れればアウトになる。（5.09b6参照）

（3）　次の場合、打者を除く各走者は、アウトにされるおそれなく1個の塁が与えられる。

（A）　ボークが宣告された場合。

（B）　打者が次の理由で走者となって一塁に進むために、その走者が塁を明け
　　　渡さなければならなくなった場合。

　①　打者がアウトにされるおそれなく、一塁に進むことが許された場合。

　②　打者の打ったフェアボールが、野手（投手を含む）に触れる前か、また
　　　は野手（投手を除く）を通過する前に、フェア地域で審判員もしくは他の
　　　走者に触れた場合。

【原注】　安全進塁権を得た走者が、与えられた塁に触れた後さらに進塁することはさし
　つかえないが、その行為の責任はその走者自身が負うだけで、たとえ与えられた塁に触
　れた後にアウトになった場合でも、他の走者の安全進塁権に影響を及ぼすことはない。
　　したがって、2アウト後その走者が与えられた塁に触れた後にアウトになり、第3ア
　ウトが成立しても安全進塁権がある前位の走者は、そのアウトの後で本塁を踏んでも得
　点として認められる。
　例——2アウト満塁、打者四球、二塁走者が勢いこんで、三塁を回って本塁の方へ向か
　ってきたが、捕手からの送球で触球アウトとなった。たとえ2アウト後であっても、四
　球と同時に三塁走者が本塁に押し出されたので、すべての走者に次塁へ進んで触れる必
　要が生まれたという理論に基づいて得点が記録される。

【注】　本項〔原注〕は、打者が四球を得たために、塁上の各走者に次塁への安全進塁
　権が与えられた場合だけに適用される。

（C）　野手が飛球を捕らえた後、ボールデッドの個所に踏み込んだり、倒れ込
　　　んだ場合。

【原注】　野手が正規の捕球をした後、ボールデッドの個所に踏み込んだり、倒れ込んだ
　場合、ボールデッドとなり、各走者は野手がボールデッドの個所に入ったときの占有塁
　から1個の進塁が許される。

（D）　走者が盗塁を企てたとき、打者が捕手またはその他の野手に妨害（インターフェア）された場合。

【注】　本項は、盗塁を企てた塁に走者がいない場合とか、進もうとした塁に走者がいても、その走者もともに盗塁を企てていたために次塁への進塁が許される場合だけに適用される。しかし、進もうとした塁に走者があり、しかもその走者が盗塁を企てていない場合には、たとえ盗塁行為があってもその走者の進塁は許されない。また単に塁を離れていた程度では本項は適用されない。

（E）　野手が帽子、マスク、その他着衣の一部を本来つけている個所から離して、投球に故意に触れさせた場合。
　　　この際はボールインプレイで、ボールに触れたときの走者の位置を基準に塁が与えられる。

【5.06 b 3付記】　ボールインプレイのもとで1個の塁に対する安全進塁権を得た走者が、その塁を踏まないで次塁へ進もうとした場合、および2個以上の塁に対する安全進塁権を得た走者が、与えられた最終塁に達した後はボールインプレイになる規則のもとで、その塁を踏まないで次塁へ進もうとした場合は、いずれもその走者は安全進塁権を失ってアウトにされるおそれがある状態におかれる。したがって、その進むことが許された塁を踏み損ねた走者は、その空過した塁に帰る前に、野手によってその身体またはその塁に触球されれば、アウトとなる。

【注】　たとえば、打者が右中間を抜こうとするような安打を打ったとき、右翼手が止めようとしてこれにグラブを投げつけて当てたが、ボールは外野のフェンスまで転じ去った。打者は三塁を空過して本塁へ進もうとしたが、途中で気がついて三塁へ踏み直しに帰ろうとした。この際、打者はもはや三塁へ安全に帰ることは許されな

いから、その打者が三塁に帰る前に、野手が打者または三塁に触球してアピールすれば、打者はアウトになる。(5.06b4C参照)

（4）　次の場合、各走者（打者走者を含む）は、アウトにされるおそれなく進塁することができる。

（A）　本塁が与えられ得点が記録される場合——フェアボールがインフライトの状態でプレイングフィールドの外へ出て、しかも、各走者が正規に各塁に触れた場合。また、フェアボールがインフライトの状態で、明らかにプレイングフィールドの外へ出ただろうと審判員が判断したとき、野手がグラブ、帽子、その他着衣の一部を投げつけて、その進路を変えた場合。

【注1】　フェアの打球がインフライトの状態で、明らかにプレイングフィールドの外へ出ただろうと審判員が判断したとき、観衆や鳥などに触れた場合には、本塁が与えられる。

　　　送球またはインフライトの打球が、鳥に触れた場合は、ボールインプレイでありインフライトの状態は続く。しかし、プレイングフィールド上（地上）の鳥または動物に触れた場合は、ボールインプレイであるが、インフライトの状態でなくなる。また、投球が鳥に触れた場合は、ボールデッドとしてカウントしない。犬などがフェアの打球、送球または投球をくわえたりした場合には、ボールデッドとして審判員の判断によって処置する。

【注2】　〝その進路を変えた場合〟とあるが、インフライトの状態で、明らかにプレイングフィールドの外へ出ただろうと審判員が判断したフェアの打球が、野手の投げつけたグラブなどに触れて、グラウンド内に落ちたときでも、本項が適用される。

（B）　3個の塁が与えられる場合——野手が、帽子、マスクその他着衣の一部を、本来つけている個所から離して、フェアボールに故意に触れさせた場合。この際はボールインプレイであるから、打者はアウトを賭して本塁に進んでもよい。

（C）　3個の塁が与えられる場合——野手が、グラブを故意に投げて、フェア

ボールに触れさせた場合。

　　この際はボールインプレイであるから、打者はアウトを賭して本塁に進ん
　でもよい。

【注】　ここにいうフェアボールとは、野手がすでに触れていたかどうかを問わない。

（D）　2個の塁が与えられる場合——野手が、帽子、マスクその他着衣の一部
　　を、本来つけている個所から離して、送球に故意に触れさせた場合。
　　　この際はボールインプレイである。
（E）　2個の塁が与えられる場合——野手が、グラブを故意に投げて、送球に
　　触れさせた場合。
　　　この際はボールインプレイである。

【BCDE原注】　投げたグラブ、本来の位置から離した帽子、マスクその他がボールに
　触れなければ、このペナルティは適用されない。
【CE原注】　このペナルティは、打球または送球の勢いにおされて、野手の手からグラ
　ブが脱げたとき、あるいは正しく捕らえようと明らかに努力したにもかかわらず、野手
　の手からグラブが脱げた場合などには、適用されない。

【BCDE注】　野手により、各項の行為がなされた場合の走者の進塁の起点は、野手
　が投げたグラブ、本来の位置から離した帽子、マスクその他が打球または送球に触
　れた瞬間とする。

（F）　2個の塁が与えられる場合——フェアの打球が、
　①　バウンドしてスタンドに入るか、または野手に触れて進路が変わって、
　　　一塁または三塁のファウル線外にあるスタンドに入った場合。
　②　競技場のフェンス、スコアボード、灌木、またはフェンスのつる草を抜
　　　けるか、その下をくぐるか、挟まって止まった場合。

（G）　2個の塁が与えられる場合——送球が、

① 競技場内に観衆があふれ出ていないときに、スタンドまたはベンチに入った場合。（ベンチの場合は、リバウンドして競技場に戻ったかどうかを問わない）

② 競技場のフェンスを越えるか、くぐるか、抜けた場合。

③ バックストップの上部のつぎ目から、上方に斜めに張ってある金網に上がった場合。

④ 観衆を保護している金網の目に挟まって止まった場合。

この際は、ボールデッドとなる。

審判員は2個の進塁を許すにあたって、次の定めに従う。すなわち、打球処理直後の内野手の最初のプレイに基づく悪送球であった場合は、投手の投球当時の各走者の位置、その他の場合は、悪送球がなされたときの各走者の位置を基準として定める。

【規則説明】　悪送球が打球処理直後の内野手の最初のプレイに基づくものであっても、打者を含む各走者が少なくとも1個の塁を進んでいた場合には、その悪送球がなされたときの各走者の位置を基準として定める。

【原注】　ときによっては、走者に2個の塁が与えられないこともある。

たとえば、走者一塁のとき、打者が浅い右翼飛球を打った。走者は一塁二塁間で立ち止まっており、打者は一塁を過ぎて走者の後ろまできた。打球は捕らえられず、外野手は一塁に送球したが、送球はスタンドに入った。すべてボールデッドとなったときは、走者は進む権利を与えられた塁以上には進塁できないから、一塁走者は三塁へ、打者は二塁まで進む。

規則説明　〝悪送球がなされたとき〟という術語は、その送球が実際に野手の手を離れたときのことであって、地面にバウンドした送球がこれを捕ろうとした野手を通過したときとか、スタンドの中へ飛び込んでプレイから外れたときのことではない。

内野手による最初の送球がスタンドまたはダッグアウトに入ったが、打者が走者とな

っていない（三塁走者が捕逸または暴投を利して得点しようとしたときに、アウトにしようとした捕手の送球がスタンドに入った場合など）ような場合は、その悪送球がなされたときの走者の位置を基準として2個の進塁が許される。（5.06b4Gの適用に際しては、捕手は内野手とみなされる）

例──走者一塁、打者が遊ゴロを打った。遊撃手は、二塁でフォースアウトしようとして送球したが間に合わなかった。二塁手は打者が一塁を通り過ぎてから一塁手に悪送球した。──二塁に達していた走者は得点となる。（このようなプレイで、送球がなされたとき、打者走者が一塁に達していなかったときは、打者走者は二塁が許される）

（H）　1個の塁が与えられる場合──打者に対する投手の投球、または投手板上から走者をアウトにしようと試みた送球が、スタンドまたはベンチに入った場合、競技場のフェンスまたはバックストップを越えるか、抜けた場合。
　　　この際はボールデッドとなる。

【規則説明】　投手の投球が捕手を通過した後（捕手が触れたかどうかを問わない）、ダッグアウト、スタンドなどボールデッドの個所に入った場合、および投手板に触れている投手が走者をアウトにしようと試みた送球が直接前記の個所に入った場合、1個の塁が与えられる。

　　しかしながら、投球または送球が、捕手または他の野手を通過した後、プレイングフィールド内にあるボールを捕手または野手が蹴ったり、捕手または野手にさらに触れたりして、前記の個所に入った場合は、投球当時または送球当時の走者の位置を基準として2個の塁が与えられる。

（I）　四球目、三振目の投球が、捕手のマスクまたは用具、あるいは球審の身体やマスクまたは用具に挟まって止まった場合、1個の塁が与えられる。
　　　ただし、打者の四球目、三振目の投球が(H)および(I)項規定の状態になっても、打者には一塁が与えられるにすぎない。

【原注1】　走者がアウトにされることなく1個またはそれ以上の塁が与えられたときでも、与えられた塁またはその塁に至るまでの途中の塁に触れる義務を負うものである。
例──打者が内野にゴロを打ち、内野手の悪送球がスタンドに飛び込んだ。打者走者は一塁を踏まないで二塁に進んだ。打者走者は二塁を許されたわけだが、ボールインプレイになった後、一塁でアピールされればアウトになる。

【原注2】　飛球が捕らえられたので元の塁に帰らなければならない走者は、グラウンドルールやその他の規則によって、余分の塁が与えられたときでも投手の投球当時の占有塁のリタッチを果たさなければならない。この際、ボールデッド中にリタッチを果たしてもよい。また、与えられる塁はリタッチを果たさなければならない塁が基準となる。

　【注】　打者の四球目（フォアボール）または三振目（スリーストライク）の投手の投球が、(H)項〔規則説明〕後段の状態になったときは、打者にも二塁が与えられる。

（c）　ボールデッド

　　次の場合にはボールデッドとなり、走者は1個の進塁が許されるか、または帰塁する。その間に走者はアウトにされることはない。

（1）　投球が、正規に位置している打者の身体、または着衣に触れた場合──次塁に進むことが許された走者は進む。

（2）　球審が、盗塁を阻止しようとしたり、塁上の走者をアウトにしようとする捕手の送球動作を妨害（インターフェア）した場合──各走者は戻る。

【付記】　捕手の送球が走者をアウトにした場合には、妨害がなかったものとする。

【原注】　捕手の送球動作に対する球審の妨害には、投手への返球も含む。

　【注】　捕手の送球によってランダウンプレイが始まろうとしたら、審判員はただちに〝タイム〟を宣告して、走者を元の塁に戻す。

　ボールデッドとなった際は、各プレーヤーはアウトになったり、進塁したり、帰塁したり、得点することはできない。

　ただし、ボールインプレイ中に起きた行為（たとえば、ボーク、悪送球、インターフェア、ホームランまたはプレイングフィールドの外に出たフェアヒット）などの結果、1個またはそれ以上の進塁が認められた場合を除く。

（3）　ボークの場合──各走者は進む。（6.02 a ペナルティ参照）

（4）　反則打球の場合──各走者は戻る。

（5）　ファウルボールが捕球されなかった場合──各走者は戻る。

　　球審は塁上の走者が、元の塁にリタッチするまで、ボールインプレイの状態にしてはならない。

（6）　内野手（投手を含む）に触れていないフェアボールが、フェア地域で走者または審判員に触れた場合、あるいは内野手（投手を除く）を通過していないフェアボールが、審判員に触れた場合──打者が走者となったために、塁を明け渡す義務が生じた各走者は進む。

　　走者がフェアボールに触れても、次の場合には、審判員はアウトを宣告してはならない。なお、この際は、ボールインプレイである。

（A）　いったん内野手に触れたフェアボールに触れた場合。

（B）　1人の内野手に触れないでその股間または側方を通過した打球にすぐその後方で触れても、このボールに対して他のいずれの内野手も守備する機会がなかったと審判員が判断した場合。

【原注】　打球が投手を通過してから、内野内に位置していた審判員に触れた場合は、ボールデッドとなる。フェア地域で野手によってそらされた打球が、まだインフライトの状態のまま、走者または審判員に触れ地上に落ちるまでに、内野手によって捕球されても、捕球とはならず、ボールインプレイの状態は続く。

【注】 フェアボールがファウル地域で審判員に触れた場合、ボールインプレイである。

（7） 投球が、捕手のマスクまたは用具、あるいは球審の身体やマスクまたは用具に挟まって止まった場合──各走者は進む。

【原注】 チップした打球が、球審に当たってはね返ったのを、野手が捕らえても、ボールデッドとなって、打者はアウトにはならない。チップした打球が、球審のマスクや用具に挟まって止まっても、同様である。
　　第3ストライクと宣告された投球が、捕手を通過して球審に当たったときは、ボールインプレイである。球審に当たってはね返ったボールが、地上に落ちる前に捕球されても、打者はただちにアウトにはならない。ボールインプレイであり、打者は一塁に触れる前に、その身体または一塁に触球されて、初めてアウトになる。
　　第3ストライクと宣告された投球または四球目^{フォアボール}の投球が、捕手のマスクまたは用具、あるいは球審の身体やマスクまたは用具に挟まって止まった場合、打者には一塁が与えられ、塁上の走者には1個の進塁が許される。

（8） 正規の投球が、得点しようとしている走者に触れた場合──各走者は進む。

5.07 投　　　　手
（a） 正規の投球姿勢

　　投球姿勢にはワインドアップポジションと、セットポジションとの二つの正規のものがあり、どちらでも随時用いることができる。
　　投手は、投手板に触れて捕手からのサインを受けなければならない。

【原注】 投手がサインを見終わってから、投手板を外すことはさしつかえないが、外した後にすばやく投手板に踏み出して投球することは許されない。このような投球は、審判員によってクィックピッチと判断される。投手は、投手板を外したら、必ず両手を身体の両側に下ろさなければならない。

　投手が、サインを見終わるたびに投手板を外すことは許されない。

　投手は投球に際して、どちらの足も本塁の方向に2度目のステップを踏むことは許されない。塁に走者がいるときには、6.02(a)によりボークが宣告され、走者がいないときには、6.02(b)により反則投球となる。

（1）　ワインドアップポジション

　投手は、打者に面して立ち、その軸足は投手板に触れて置き、他の足の置き場所には制限がない。

　この姿勢から、投手は、

① 打者への投球動作を起こしたならば、中断したり、変更したりしないで、その投球を完了しなければならない。

② 実際に投球するときを除いて、どちらの足も地面から上げてはならない。

　ただし、実際に投球するときは、自由な足（軸足でない足）を1歩後方に引き、さらに1歩前方に踏み出すこともできる。

　投手が軸足を投手板に触れて置き（他の足はフリー）、ボールを両手で身体の前方に保持すれば、ワインドアップポジションをとったものとみなされる。

【原注1】　ワインドアップポジションにおいては、投手は軸足でない足（自由な足）を投手板の上か、前方か、後方かまたは側方に置くことが許される。

【原注2】　（1）項の姿勢から、投手は、

① 打者に投球してもよい。

② 走者をアウトにしようとして塁に踏み出して送球してもよい。

③ 投手板を外してもよい（ボールを両手で保持した投手は、投手板を外したら必ず両手を身体の両側に下ろさなければならない）。投手板を外すときには、最初に軸足から外さなければならない。

　また前記の姿勢から、セットポジションに移ったり、ストレッチをすることは許されない。——違反すればボークとなる。

【注】　投手が投球動作を起こして、身体の前方で両手を合わせたら、打者に投球する
　　　こと以外は許されない。したがって、走者をアウトにしようとして塁に踏み出して
　　　送球することも、投手板を外すこともできない。違反すればボークとなる。

（2）　セットポジション

　　投手は、打者に面して立ち、軸足を投手板に触れ、他の足を投手板の前方に
置き、ボールを両手で身体の前方に保持して、完全に動作を静止したとき、セッ
トポジションをとったとみなされる。

　　この姿勢から、投手は、

①　打者に投球しても、塁に送球しても、軸足を投手板の後方（後方に限る）
　　に外してもよい。

②　打者への投球動作を起こしたならば、中断したり、変更したりしないで、
　　その投球を完了しなければならない。

　　セットポジションをとるに際して〝ストレッチ〟として知られている準備動
作（ストレッチとは、腕を頭上または身体の前方に伸ばす行為をいう）を行な
うことができる。しかし、ひとたびストレッチを行なったならば、打者に投球
する前に、必ずセットポジションをとらなければならない。

　　投手は、セットポジションをとるに先立って、**片方の手を下に下ろして身体
の横につけていなければならない**。この姿勢から、**中断することなく、一連の
動作でセットポジションをとらなければならない**。

　　投手は、ストレッチに続いて投球する前には（a）ボールを両手で身体の前
方に保持し、（b）完全に静止しなければならない。審判員は、これを厳重に
監視しなければならない。投手は、しばしば走者を塁に釘づけにしようと規則
破りを企てる。投手が〝完全な静止〟を怠った場合には、審判員は、ただちに
ボークを宣告しなければならない。

【原注】　走者が塁にいない場合、セットポジションをとった投手は、必ずしも完全静止をする必要はない。

　　しかしながら、投手が打者のすきをついて意図的に投球したと審判員が判断すれば、クィックピッチとみなされ、ボールが宣告される。6.02（a）（5）〔原注〕参照。

　　塁に走者がいるときに、投手が投手板に軸足を並行に触れ、なおかつ自由な足を投手板の前方に置いた場合には、この投手はセットポジションで投球するものとみなされる。

【注1】　（1）（2）項でいう〝中断〟とは、投手が投球動作を起こしてから途中でやめてしまったり、投球動作中に一時停止したりすることであり、〝変更〟とは、ワインドアップポジションからセットポジション（または、その逆）に移行したり、投球動作から塁への送球（けん制）動作に変更することである。

【注2】　投手がセットポジションをとるにあたっては、投手板を踏んだ後投球するまでに、必ずボールを両手で保持したことを明らかにしなければならない。その保持に際しては、身体の前面ならどこで保持してもよいが、いったん両手でボールを保持して止めたならば、その保持した個所を移動させてはならず、完全に身体の動作を停止して、首以外はどこも動かしてはならない。

【注3】　セットポジションからの投球に際して、自由な足は、
　①　投手板の真横に踏み出さない限り、前方ならどの方向に踏み出しても自由である。
　②　ワインドアップポジションの場合のように、1歩後方に引き、そして更に1歩踏み出すことは許されない。

【注4】　投手は走者が塁にいるとき、セットポジションをとってからでも、プレイの目的のためなら、自由に投手板を外すことができる。この場合、軸足は必ず投手板の後方に外さなければならず、側方または前方に外すことは許されない。投手が投手板を外せば、打者への投球はできないが、走者のいる塁には、ステップをせずにスナップだけで送球することも、また送球のまねをすることも許される。

【注5】　ワインドアップポジションとセットポジションとの区別なく、軸足を投手板に触れてボールを両手で保持した投手が、投手板から軸足を外すにあたっては、必ずボールを両手で保持したまま外さねばならない。また、軸足を投手板から外した後には、必ず両手を離して身体の両側に下ろし、あらためて軸足を投手板に触れなければならない。

【問】　投手がストレッチを行なってから、セットポジションをとるまでに、両手を顔
の前で接触させ、そのまま下ろし、胸の前でボールを保持した。ボークになるか。

【答】　たとえ顔の前で両手を接触させても、そのままの連続したモーションで、胸の
前に下ろして静止すれば、ボークにはならない。しかし、いったん顔の前で停止す
れば、そこでボールを保持したことになるから、その姿勢から両手を下に下ろせば
ボークとなる。

(b)　準備投球

投手は各回のはじめに登板する際、あるいは他の投手を救援する際には、捕手
を相手に準備投球をすることは許される。この間プレイは停止される。

各リーグは、その独自の判断で、準備投球の数や時間を制限してもさしつかえ
ない。

突然の事故のために、ウォームアップをする機会を得ないで登板した投手には、
球審は必要と思われる数の投球を許してもよい。

(c)　投手の遅延行為

塁に走者がいないとき、投手はボールを受けた後12秒以内に打者に投球しな
ければならない。投手がこの規則に違反して試合を長引かせた場合には、球審は
ボールを宣告する。

12秒の計測は、投手がボールを所持し、打者がバッターボックスに入り、
投手に面したときから始まり、ボールが投手の手から離れたときに終わる。

この規則は、無用な試合引き延ばし行為をやめさせ、試合をスピードアップす
るために定められたものである。したがって、審判員は次のことを強調し、それ
にもかかわらず、投手の明らかな引き延ばし行為があったときには、遅滞なく球
審はボールを宣告する。

(1)　投球を受けた捕手は、速やかに投手に返球すること。

(2)　また、これを受けた投手は、ただちに投手板を踏んで、投球位置につくこ
と。

（d）　塁に送球

　　投手が、準備動作を起こしてからでも、打者への投球動作を起こすまでなら、いつでも塁に送球することができるが、それに先立って、送球しようとする塁の方向へ、直接踏み出すことが必要である。

【原注】　投手は送球の前には、必ず足を踏み出さなければならない。スナップスロー（手首だけで送球すること）の後で、塁に向かって踏み出すようなことをすればボークとなる。

【注】　投手が投手板を外さずに一塁へ送球する場合、投手板上で軸足が踏みかわっても、その動作が一挙動であればさしつかえない。しかし、送球前に軸足を投手板の上でいったん踏みかえた後に送球すれば、軸足の投手板上の移行としてボークとなる。

（e）　軸足を外したとき

　　投手がその軸足を投手板の後方に外したときは、内野手とみなされる。したがって、その後、塁に送球したボールが悪送球となった場合には、他の内野手による悪送球と同様に取り扱われる。

【原注】　投手は、投手板を離れているときならば、意のままに走者のいる塁ならどの塁に送球してもよいが、もしその送球が悪送球となれば、その送球は内野手の送球とみなされ、その後の処置は、野手の送球に関する規則が適用される。（5.06b4G）

（f）　両手投げ投手

　　投手は、球審、打者および走者に、投手板に触れる際、どちらかの手にグラブをはめることで、投球する手を明らかにしなければならない。

　　投手は、打者がアウトになるか走者になるか、攻守交代になるか、打者に代打

者が出るか、あるいは投手が負傷するまでは、投球する手を変えることはできない。投手が負傷したために、同一打者の打撃中に投球する手を変えれば、その投手は以降再び投球する手を変えることはできない。投手が投球する手を変えたときには、準備投球は認められない。

　　投球する手の変更は、球審にはっきりと示さなければならない。

5.08　得点の記録

（a）　3人アウトになってそのイニングが終了する前に、走者が正規に一塁、二塁、三塁、本塁に進み、かつこれに触れた場合には、その都度、1点が記録される。

【例外】　第3アウトが次のような場合には、そのアウトにいたるプレイ中に、走者（1、2にあたる場合は全走者、3にあたる場合は後位の走者）が本塁に進んでも、得点は記録されない。

（1）　打者走者が一塁に触れる前にアウトにされたとき。（5.09a、6.03a参照）

（2）　走者がフォースアウトされたとき。（5.09b6参照）

（3）　前位の走者が塁に触れ損ねてアウトにされたとき。（5.09c1・2、同d参照）

【原注】　たとえば、三塁走者が、飛球が捕らえられてから、離塁して本塁を踏んだ後、離塁が早かったと誤信して、三塁に帰ろうとした場合のように、走者が正規の走塁を行なって本塁に触れたならば、その走者のそれ以後の行為によって、その得点は無効とはならない。

【注1】　第3アウトがフォースアウト以外のアウトで、そのプレイ中に他の走者が本塁に達した場合、審判員は、その走者にアピールプレイが残っているか否かに関係なく、本塁到達の方が第3アウトより早かったか否かを明示しなければならない。

【注2】　本項は打者および塁上の走者に安全進塁権が与えられたときも適用される。たとえば、2アウト後ある走者が他の走者に先んじたためにアウトになったときは、

そのアウトになった走者よりも後位の打者または走者の得点が認められないことは
もちろんであるが、たとえアウトになった走者より前位の走者でも第3アウトが成
立するまでに本塁を踏まなければ得点は認められない。

　　ただし、2アウト満塁で、打者が四球を得たとき、他のいずれかの走者がいったん
次塁を踏んだ後にアウトになったときだけ、その第3アウトが成立した後に三塁走
者が本塁を踏んでも、得点と認められる。(5.06b3B〔原注〕参照)

（b）　正式試合の最終回の裏、または延長回の裏、満塁で、打者が四球、死球、そ
　　の他のプレイで一塁を与えられたために走者となったので、打者とすべての走者
　　が次の塁に進まねばならなくなり、三塁走者が得点すれば勝利を決する1点とな
　　る場合には、球審は三塁走者が本塁に触れるとともに、打者が一塁に触れるまで、
　　試合の終了を宣告してはならない。

【原注】　例外として観衆が競技場になだれこんで、走者が本塁に触れようとするのを、
　　　または打者が一塁に触れようとするのを肉体的に妨げた場合には、審判員は観衆のオブ
　　　ストラクションとして走者の得点または進塁を認める。

ペナルティ　前記の場合、三塁走者が、適宜な時間がたっても、あえて本塁に進
　　もうとせず、かつこれに触れようとしなかった場合には、球審は、その得点を
　　認めず、規則に違反したプレーヤーにアウトを宣告して、試合の続行を命じな
　　ければならない。

　　また、2アウト後、打者走者があえて一塁に進もうとせず、かつこれに触れ
　　ようとしなかった場合には、その得点は認めず、規則に違反したプレーヤーに
　　アウトを宣告して、試合続行を命じなければならない。

　　0アウトまたは1アウトのとき、打者走者があえて一塁に進もうとせず、か
　　つこれに触れようとしなかった場合には、その得点は記録されるが、打者走者
　　はアウトを宣告される。

【注】　たとえば、最終回の裏、満塁で、打者が四球を得たので決勝点が記録されるような場合、次塁に進んで触れる義務を負うのは、三塁走者と打者走者だけである。三塁走者または打者走者が適宜な時間がたっても、その義務を果たそうとしなかった場合に限って、審判員は、守備側のアピールを待つことなくアウトの宣告を下す。

　　打者走者または三塁走者が進塁に際して塁に触れ損ねた場合も、適宜な時間がたっても触れようとしなかったときに限って、審判員は、守備側のアピールを待つことなく、アウトの宣告を下す。

【5.08原注】　規則説明　打者走者のアウトが一塁に触れる前のアウトの形をとり、それが第3アウトにあたったときは、たとえ他の走者がそのアウトの成立前か、あるいはそのアウトが成立するまでのプレイ中に本塁に触れていても得点は記録されない。
〔例〕　1アウト走者一・二塁のとき打者が安打したので、二塁走者は本塁に達したが、一塁走者は本塁への送球でアウトにされて2アウトとなった。この間、打者走者は二進していたが、途中一塁を踏んでいなかったので一塁でアピールされて打者はアウトになり、3アウトとなった。――二塁走者は〝打者走者が一塁に触れる前のアウトで、しかも第3アウトにあたる場合〟のプレイ中に本塁に触れたのであるから、その得点は記録されない。

規則説明　2アウト以前であれば、前位の走者の行為によって後位の走者が影響を受けることはない。
〔例〕　1アウト走者一・二塁のとき、打者は場内本塁打を打った。二塁走者は本塁へ達する間に三塁を空過した。一塁走者と打者は正しく塁を踏んで本塁に達した。守備側は三塁に送球してアピールしたので、審判員は二塁走者に対してアウトを宣告して、2アウトとなった。――一塁走者と打者の得点は認められる。

規則説明　2アウト走者一・二塁のとき、打者が場内本塁打を打ち、3人とも本塁を踏んだが、二塁走者は三塁を空過したので、アピールによってアウトにされ、3アウトとなった。――一塁走者と打者は正しく本塁を踏んではいるが、得点には数えられない。

規則説明　1アウト走者二・三塁のとき、打者が中堅飛球を打ってアウトになり、2アウトとなった。三塁走者はそのフライアウトを利して本塁に触れ、二塁走者も本塁への悪送球によって得点した。このとき三塁走者に対してアピールがあり、捕球前に三塁を離れたものと判定されて、3アウトとなった。――無得点である。

　　規則説明　2アウト満塁のとき、打者はフェンス越えの本塁打を打って4人とも本塁
を踏んだが、打者は一塁を踏まなかったのでアピールされて3アウトになった。――こ
の場合、打者のアウトは一塁に触れる前の第3アウトの形をとるから、無得点である。

　　一般的にアピールと得点の関係は以下のとおりとなる。
　　塁を踏み損ねた走者または飛球が捕らえられたときにリタッチを果たさなかった走者
に対して、守備側がアピールした場合、審判員がそれを認めたときにその走者はアウト
になる。
　　2アウトのとき、後位の走者がアピールによって第3アウトとなった場合、前位の走
者はそのアウトよりも先に正しい走塁を行なって本塁に触れていれば得点となる。
　　また、フォースの状態での塁の空過や打者走者の一塁空過がアピールによって第3ア
ウトになった場合、すべての走者は正しい走塁を行なっていても得点とはならない。
　　規則説明　1アウト走者一・三塁のとき、打者の右翼飛球で2アウトとなった。三塁
走者は捕球後三塁にリタッチして本塁を踏んだが、一塁走者は二塁へ向かっていたので
一塁に帰塁しようと試みたが、右翼手の送球でアウトになった。三塁走者はそのアウト
より早く本塁を踏んでいた。――一塁走者のアウトはフォースアウトでないから、その
第3アウトより早く本塁を踏んだ三塁走者の得点は記録される。

5.09　ア　ウ　ト

（a）　打者アウト

　　打者は、次の場合、アウトとなる。

（1）　フェア飛球またはファウル飛球（ファウルチップを除く）が、野手に正規
　　に捕らえられた場合。

【原注1】　野手は捕球するためにダッグアウトの中に手を差し伸べることはできるが、
　　足を踏み込むことはできない。野手がボールを確捕すれば、それは正規の捕球となる。
　　ダッグアウトまたはボールデッドの個所（たとえばスタンド）に近づいてファウル飛球
　　を捕らえるためには、野手はグラウンド（ダッグアウトの縁を含む）上または上方に片
　　足または両足を置いておかなければならず、またいずれの足もダッグアウトの中または
　　ボールデッドの個所の中に置いてはならない。正規の捕球の後、野手がダッグアウトま
　　たはボールデッドの個所に踏み込んだり、倒れ込んだ場合、ボールデッドとなる。走者

については5.06(b)(3)(C)〔原注〕参照。

　捕球とは、野手が、インフライトの打球、投球または送球を、手またはグラブでしっかりと受け止め、かつそれを確実につかむ行為であって、帽子、プロテクター、あるいはユニフォームのポケットまたは他の部分で受け止めた場合は、捕球とはならない。

　また、ボールに触れると同時、あるいはその直後に、他のプレーヤーや壁と衝突したり、倒れた結果、落球した場合は〝捕球〟ではない。

　野手が飛球に触れ、そのボールが攻撃側チームのメンバーまたは審判員に当たった後に、いずれの野手がこれを捕らえても〝捕球〟とはならない。

　野手がボールを受け止めた後、これに続く送球動作に移ってからボールを落とした場合は、〝捕球〟と判定される。

　要するに、野手がボールを手にした後、ボールを確実につかみ、かつ意識してボールを手放したことが明らかであれば、これを落とした場合でも〝捕球〟と判定される。

【原注2】　野手がボールを地面に触れる前に捕らえれば、正規の捕球となる。その間、ジャッグルしたり、あるいは他の野手に触れることがあってもさしつかえない。

　　走者は、最初の野手が飛球に触れた瞬間から、塁を離れてさしつかえない。

　　野手はフェンス、手すり、ロープなど、グラウンドと観覧席との境界線を越えた上空へ、身体を伸ばして飛球を捕らえることは許される。また野手は、手すりの頂上やファウルグラウンドに置いてあるキャンバスの上に飛び乗って飛球を捕らえることも許される。しかし野手が、フェンス、手すり、ロープなどを越えた上空やスタンドへ、身体を伸ばして飛球を捕らえようとすることは、危険を承知で行なうプレイだから、たとえ観客にその捕球を妨げられても、観客の妨害行為に対してはなんら規則上の効力は発生しない。

　　ダッグアウトの縁で飛球を捕らえようとする野手が、中へ落ち込まないように、中にいるプレーヤー（いずれのチームかを問わない）によって身体を支えられながら捕球した場合、正規の捕球となる。

【注】　捕手が、身につけているマスク、プロテクターなどに触れてからはね返ったフライボールを地面に取り落とさずに捕らえれば、正規の〝捕球〟となる。ただし、手またはミット以外のもの、たとえばプロテクターあるいはマスクを用いて捕らえたものは、正規の捕球とはならない。

（2）　第3ストライクと宣告された投球を、捕手が正規に捕球した場合。

【原注】　〝正規の捕球〟ということは、まだ地面に触れていないボールが、捕手のミットの中に入っているという意味である。ボールが、捕手の着衣または用具に止まった場合は、正規の捕球ではない。また、球審に触れてはね返ったボールを捕えた場合も同様である。

　チップしたボールが、最初に捕手の身体または用具に触れて、はね返ったものを捕手が地上に落ちる前に捕球した場合、ストライクであり、第3ストライクにあたるときには、打者はアウトである。

（3）　0アウトまたは1アウトで一塁に走者がいるとき、第3ストライクが宣告された場合。

【注】　0アウトまたは1アウトで一塁（一・二塁、一・三塁、一・二・三塁のときも同様）に走者がいた場合には、第3ストライクと宣告された投球を捕手が後逸したり、またはその投球が球審か捕手のマスクなどに入り込んだ場合でも、本項が適用されて打者はアウトになる。

（4）　2ストライク後の投球をバントしてファウルボールになった場合。
（5）　インフィールドフライが宣告された場合。（定義40参照）
（6）　2ストライク後、打者が打った（バントの場合も含む）が、投球がバットに触れないで、打者の身体に触れた場合。
（7）　野手（投手を含む）に触れていないフェアボールが、打者走者に触れた場合。

　　ただし、打者がバッタースボックス内にいて、打球の進路を妨害しようとする意図がなかったと審判員が判断すれば、打者に当たった打球はファウルボールとなる。

（8）　打者が打つか、バントしたフェアの打球に、フェア地域内でバットが再び当たった場合。

　　ボールデッドとなって、走者の進塁は認められない。

　　これに反して、フェアの打球が転がってきて、打者が落としたバットにフェア地域内で触れた場合は、ボールインプレイである。ただし、打者が打球の進路を妨害するためにバットを置いたのではないと審判員が判断したときに限られる。

　　打者がバッタースボックス内にいて、打球の進路を妨害しようとする意図がなかったと審判員が判断すれば、打者の所持するバットに再び当たった打球はファウルボールとなる。

【原注】　バットの折れた部分がフェア地域に飛び、これに打球が当たったとき、またはバットの折れた部分が走者または野手に当たったときは、プレイはそのまま続けられ、妨害は宣告されない。打球がバットの折れた部分にファウル地域で当たったときは、ファウルボールである。

　　バット全体がフェア地域またはファウル地域に飛んで、プレイを企てている野手（打球を処理しようとしている野手だけでなく、送球を受けようとしている野手も含む）を妨害したときには、故意であったか否かの区別なく、妨害が宣告される。

　　打撃用ヘルメットに、偶然、打球がフェア地域で当たるか、または送球が当たったときは、ボールインプレイの状態が続く。

　　打球が、ファウル地域で打撃用ヘルメット、地面以外の異物に触れたときは、ファウルボールとなり、ボールデッドとなる。

　　走者がヘルメットを落としたり、ボールに投げつけて打球または送球を妨害しようとする意図があったと審判員が判断したときには、その走者はアウトとなり、ボールデッドとなって、他の走者は、打球に対してのときは投手の投球当時占有していた塁、送球に対してのときは妨害発生の瞬間に占有していた塁に帰らなければならない。

【注】　本項前段を適用するにあたっては、打者がバットを所持していたかどうかを問
　　　わない。

（9）　打者が、打つか、バントした後、一塁に走るにあたって、まだファウルと
　　決まらないままファウル地域を動いている打球の進路を、どんな方法であろう
　　とも故意に狂わせた場合。
　　　ボールデッドとなって、走者の進塁は認められない。

（10）　打者が第3ストライクの宣告を受けた後、またはフェアボールを打った後、
　　一塁に触れる前に、その身体または一塁に触球された場合。

【注】　触球するに際しては、まずボールを保持して触れることが必要なことはもちろ
　　　ん、触球後においても確実にボールを保持していなければならない。
　　　　また、野手がボールを手にしていても、そのボールをグラブの中でジャッグルした
　　　り、両腕と胸とでボールを抱き止めたりしている間は、確実に捕らえたとはいえな
　　　いから、たとえ打者が一塁に触れる前に野手が塁に触れながらボールを手にしてい
　　　ても、確捕したのが打者が一塁に触れた後であればその打者はアウトにならない。

（11）　一塁に対する守備が行なわれているとき、本塁一塁間の後半を走るに際し
　　て、打者がスリーフットラインの外側（向かって右側）またはファウルライン
　　の内側（向かって左側）を走って、一塁への送球を捕らえようとする野手の動
　　作を妨げたと審判員が認めた場合。この際は、ボールデッドとなる。
　　　ただし、打球を処理する野手を避けるために、スリーフットラインの外側
　　（向かって右側）またはファウルラインの内側（向かって左側）を走ることは
　　さしつかえない。

【原注】　スリーフットレーンを示すラインはそのレーンの一部であり、打者走者は両足
　　　をスリーフットレーンの中もしくはスリーフットレーンのライン上に置かなければなら

ない。

(12)　0アウトまたは1アウトで、走者一塁、一・二塁、一・三塁または一・
　　　二・三塁のとき、内野手がフェアの飛球またはライナーを故意に落とした場合。
　　　　ボールデッドとなって、走者の進塁は認められない。

【規則説明】　内野手が打球に触れないでこれを地上に落としたときには、打者は
　　アウトにならない。ただし、インフィールドフライの規則が適用された場合は、
　　この限りではない。

　　【注1】　本項は、容易に捕球できるはずの飛球またはライナーを、内野手が地面に触
　　　れる前に片手または両手で現実にボールに触れて、故意に落とした場合に適用され
　　　る。
　　【注2】　投手、捕手および外野手が、内野で守備した場合は、本項の内野手と同様に
　　　扱う。また、あらかじめ外野に位置していた内野手は除く。

(13)　野手が、あるプレイをなし遂げるために、送球を捕らえようとしているか、
　　　または送球しようとしているのを前位の走者が故意に妨害したと審判員が認め
　　　た場合。

【原注】　この規則は攻撃側プレーヤーによる許しがたい非スポーツマン的な行為に対す
　　るペナルティとして定められたものであって、走者が塁を得ようとしないで、併殺プレ
　　イのピボットマン（併殺の際、ボールを継送するプレーヤー。すなわち遊撃手―二塁手
　　―一塁手とわたる併殺ならば二塁手、二塁手―遊撃手―一塁手の併殺ならば遊撃手が
　　ピボットマンである）を妨害する目的で、明らかにベースラインから外れて走るような
　　場合に適用されるものである。（6.01j参照）

　　【注】　まだアウトにならない前位の走者の妨害行為に対する処置は、本項では定めて
　　　いないように見えるが、5.09(b)(3)に規定してあるとおり、このような妨害行為

に対しては、その走者はもちろん打者もともにアウトにする規則であって、このような粗暴な行為を禁止するために規定された条項である。すでにアウトになった走者または得点したばかりの走者の妨害行為に対しては、6.01（a）（5）に規定されている。

（14）　2アウト、2ストライク後本盗を企てた三塁走者が、打者への正規の投球にストライクゾーンで触れた場合。

　　この際、打者は〝第3ストライク〟の宣告を受けてアウトとなり、その走者の得点は認められない。しかし0アウトまたは1アウトであれば、打者は〝第3ストライク〟の宣告を受けてアウトとなり、ボールデッドになるが、その得点は認められる。

【注】　0アウトまたは1アウトの場合には、他の塁の走者にも、次塁への走塁行為があったかどうかに関係なく、1個の進塁が許される。（5.06c8参照）

（15）　走者を除く攻撃側チームのメンバーが、打球を処理しようとしている野手の守備を妨害した場合。（6.01b 参照。走者による妨害については5.09b3参照）

（b）　走者アウト

　　次の場合、走者はアウトとなる。

（1）　走者が、野手の触球を避けて、走者のベースパス（走路）から3ﾌｨｰﾄ以上離れて走った場合。

　　ただし、走者が打球を処理している野手を妨げないための行為であれば、この限りではない。

　　この場合の走者のベースパス（走路）とは、タッグプレイが生じたときの、走者と塁を結ぶ直線をいう。

（2）　一塁に触れてすでに走者となったプレーヤーが、ベースパスから離れ、次の塁に進もうとする意思を明らかに放棄した場合。

【原注】　一塁に触れてすでに走者となったプレーヤーが、もはやプレイは続けられていないと思い込んで、ベースパスを離れてダッグアウトか守備位置の方へ向かったとき、審判員がその行為を走塁する意思を放棄したとみなすことができると判断した場合、その走者はアウトを宣告される。この際、たとえアウトが宣告されても、他の走者に関しては、ボールインプレイの状態が続けられる。この規則は、次のプレイなどに適用される。

例――0アウトまたは1アウトで、同点の最終回、走者一塁のとき、打者が競技場の外へサヨナラ本塁打を打った。一塁走者は、二塁を過ぎてから、本塁打で自動的に勝利が決まったと思い込み、ダイヤモンドを横切って自分のベンチに向かった。この間、打者は、本塁に向かって進んでいたような場合、走者は、〝次塁に進もうとする意思を放棄した〟という理由で、アウトを宣告され、打者走者は各塁を踏んで行って本塁打を生かすことが許される。もし、2アウト後ならば、本塁打は認められない（5.09d参照）。これはアピールプレイではない。

例――走者が一塁または三塁で触球されてアウトを宣告されたと思い込んでダッグアウトに向かいだし、依然としてアウトだと思い込んでいる様子が明らかだと審判員が認めるのに適当な距離まで進んでいるときには、走者は進塁を放棄したという理由でアウトを宣告される。

【注】　フォースの状態におかれている走者に対しては、本項を適用しない。

（3）　走者が、送球を故意に妨げた場合、または打球を処理しようとしている野手の妨げになった場合。

ペナルティ　走者はアウトとなり、ボールデッドとなる。〔6.01aインターフェアに対するペナルティ〕参照。

【注1】　〝野手が打球を処理する〟とは、野手が打球に対して守備しはじめてから打球をつかんで送球し終わるまでの行為をいう。したがって、走者が、前記のどの守備行為でも妨害すれば、打球を処理しようとしている野手を妨げたことになる。

　【注2】　走者が5.09（a）（11）、5.09（b）（1）項規定の走路を走っていた場合でも、打
　　　球を処理しようとしている野手の妨げになったと審判員が判断したときには、本項
　　　の適用を受けて、走者はアウトになる。

（4）　ボールインプレイで走者が塁を離れているときに触球された場合。

【例外】　打者走者が一塁に走るときは、ただちに帰ることを条件としてならば、
　　　オーバーランまたはオーバースライドして一塁を離れているとき触球されても、
　　　アウトにはならない。

【規則説明A】　走者がいったん安全に塁に達した後、走者の衝撃で塁のバッグが
　　　定位置から離れたときは、その走者に対していかなるプレイもできない。

【規則説明B】　あるプレイ中に塁のバッグまたはホームプレートが定位置から離
　　　れたとき、引き続いて、次の走者が進塁してきて、元の塁が置かれていた地点
　　　に触れるか、またはその地点にとどまれば、その走者は正規に塁に触れたもの、
　　　または正規に塁を占有したものとみなされる。

　【注1】　四球を得た打者が一塁に進むに際しては、ただちに帰ることを条件としてな
　　　ら、一塁に触れた後、走り越すことは許される。

　【注2】　野手が走者に触球しようとするときには、走者もアウトを免れようと、激し
　　　く触塁する場合が多く、野手と走者とが衝突した結果、野手がボールを落としたと
　　　きは、触球後にボールを確実に保持していないことになるから、走者はアウトには
　　　ならない。また、野手が走者に触球した後も、これを確実に握っていなければなら
　　　ず、たとえボールを地上に落とさなくても、手の上でジャッグルなどした場合には、
　　　走者はアウトにはならない。野手が触球した後、どのくらい確保すればよいかは、
　　　一に審判員の判定に待つべきである。（定義15参照）

（5）　フェア飛球、ファウル飛球が正規に捕らえられた後、走者が帰塁するまで
　　　に、野手に身体またはその塁に触球された場合。

　　ただし、投手が打者へ次の1球を投じてしまうか、または、たとえ投球しな
くてもその前にプレイをしたりプレイを企ててしまえば、帰塁をしていないとい
う理由によって走者がアウトにされることはない。この場合は、アピールプ
レイである。

【原注】　走者は、ファウルチップの際はタッグアップする必要はないから、盗塁するこ
　　ともできる。しかし、チップしたボールを捕手が捕らえなかった場合は、ファウルボー
　　ルとなるから、走者は元の塁へ戻らなければならない。

　　【注】　飛球が捕らえられたとき、走者が帰塁しなければならない塁とは、進塁の起点
　　　　となる塁、すなわち、投手の投球当時走者が占有していた塁を指す。

（6）　打者が走者となったために、進塁の義務が生じた走者が次の塁に触れる前
　に、野手がその走者またはその塁に触球した場合。（このアウトはフォースア
　ウトである）

　　ただし、後位の走者がフォースプレイで先にアウトになれば、フォースの状
態でなくなり、前位の走者には進塁の義務がなくなるから、身体に触球されな
ければアウトにはならない。

　　また、走者が塁に触れた後、余勢でオーバースライドまたはオーバーランし
た場合には、塁に触れた瞬間に進塁の義務を果たしたことになるから、その走
者は身体に触球されなければアウトにはならない。（このアウトはフォース
アウトではなく、タッグアウトである）

　　しかし、進塁の義務の生じた走者が次塁に触れた後、どのような理由にせよ、
その塁を捨てて元の塁の方へ離れた場合は、再びフォースの状態におかれるか
ら、野手にその身体または進塁すべき塁に触球されれば、その走者はアウトと
なる。（このアウトはフォースアウトである）

【原注】　オーバースライド、またはオーバーランは二塁および三塁で起こり、一塁では

この状態は起こらない。

　　たとえば、0アウトまたは1アウトで走者一・二塁、もしくは一・二・三塁とする。打球は内野手に飛び、その内野手はダブルプレイを試みた。一塁走者は二塁への送球より早く二塁に触れたが、オーバースライドした。ボールは一塁にリレーされ、打者はアウトになった。一塁手は、二塁走者が離塁しているのを見て二塁に送球して、その走者をアウトにしたが、その間に、他の走者は本塁に入った。〔問〕これはフォースプレイか。打者が一塁でアウトになったとき、フォースプレイでなくなったのか。このプレイ中に、二塁で走者がアウトにされて第3アウトになる前に、本塁に入っていた走者の得点は認められるか。〔答〕フォースプレイではなく、タッグプレイであるから、得点は記録される。

【注1】　本項は、フォースアウトの規定であり、打者が走者となったために、塁にいた走者に進塁の義務が生じたときに、野手が、

　　①　その走者が次の塁に触れる前に、その塁に触球した場合
　　②　その走者が次の塁に触れる前に、その走者に触球した場合
　　③　その走者が次の塁へ進もうとしないで、元の塁にとどまっているとき、その走者に触球した場合

　　を指し、特に③の場合は、自己より後位の走者がアウトにならない限り、その塁の占有権はすでに失われているから、たとえその走者が塁に触れていても、野手がその走者に触球すればアウトになる。(5.06b2参照)

【注2】　たとえば、一塁走者が打球とともに走り出して、いったん二塁に触れた後、その打球が飛球として捕らえられようとするのを見て、一塁へ戻ろうとしたとき、フライを落とした野手からの送球を受けた二塁手は、走者が再び二塁に達するまでに二塁に触球した。この場合、はじめに二塁を踏んだことは取り消され、フォースアウトと認められる。

(7)　走者が、フェアボールに、フェア地域で触れた場合。(5.06c6、6.01a11参照)

　　この際はボールデッドとなり、打者が走者となったために次塁への進塁が許された走者のほかは、得点することも、進塁することも認められない。

　　インフィールドフライと宣告された打球が、塁を離れている走者に触れたと

きは、打者、走者ともにアウトになる。

【例外】 インフィールドフライと宣告された打球が、塁についている走者に触れた場合、その走者はアウトにならず、打者だけがアウトとなる。

【原注】 2人の走者が同一のフェアボールに触れたときは、最初に触れた1人だけがアウトになる。これは打球が走者に触れたとき、ただちにボールデッドとなるからである。

【注1】 打者の打ったフェアボールが、野手に触れる前に走者に触れたときは、走者が守備を妨害しようとして故意に打球に触れた場合（併殺を行なわせまいとして故意に打球を妨害した場合を除く）と、走塁中やむなく触れた場合との区別なく、走者はアウトとなる。
　　　また、いったん内野手に触れた打球に対して守備しようとする野手を走者が妨げたときには、5.09（b）（3）によってアウトにされる場合もある。
【注2】 塁に触れて反転したフェアボールに、走者がフェア地域で触れた場合、その走者はアウトになり、ボールデッドとなる。
【注3】 塁に触れて反転したフェアボールに、走者がファウル地域で触れた場合、その走者はアウトにはならず、ボールインプレイである。
【注4】 本項でいう〝塁〟とは、飛球が打たれたときの投手の投球当時に走者が占有していた塁をいう。
【注5】 インフィールドフライと宣告された打球が走者に触れた場合は、その走者が塁についていてもいなくても、ボールデッドとなる。

（8）　ノーアウトまたは1アウトで、走者が得点しようとしたとき、打者が本塁における守備側のプレイを妨げた場合。2アウトであればインターフェアで打者がアウトとなり、得点は記録されない。（6.01 a 1・3、6.03 a 3・4参照）

【注1】 ここにいう〝本塁における守備側のプレイ〟とは、野手（捕手も含む）が、

得点しようとした走者に触球しようとするプレイ、その走者を追いかけて触球しようとするプレイ、および他の野手に送球してその走者をアウトにしようとするプレイを指す。

【注2】　この規定は、0アウトまたは1アウトで、走者が得点しようとした際、本塁における野手のプレイを妨げたときの規定であって、走者が本塁に向かってスタートを切っただけの場合とか、一度本塁へは向かったが途中から引き返そうとしている場合には、打者が捕手を妨げることがあっても、本項は適用されない。

たとえば、捕手がボールを捕らえて走者に触球しようとするプレイを妨げたり、投手が投手板を正規に外して、走者をアウトにしようとして送ったボール（投球でないボール）を打者が打ったりして、本塁の守備を妨げた場合には、妨害行為を行なった打者をアウトにしないで、守備の対象である走者をアウトにする規定である。

【注3】　本項は、本塁の守備を妨げたのが打者であった場合に限って適用されるのであって、打撃を完了して打者から走者になったばかりで、まだアウトにならない打者が妨害を行なったときには適用されない。たとえば、スクイズバントをした打者が、バントした打球に触れるか、または打球を処理しようとする野手の守備を妨げたために、三塁走者が本塁でのアウトを免れることになったような場合には、打者はすでに走者となっているから、5.09（a）（7）、5.09（b）（3）によって、その打者走者がアウトとなり、ボールデッドとなって、三塁走者を投手の投球当時すでに占有していた塁、すなわち三塁へ帰らせる。

打者が第3ストライクの宣告を受けただけで、まだアウトにならないとき、および四球の宣告を受けたときの妨害に関しては、6.01（a）（1）〔注〕に示されている。

（9）　後位の走者がアウトとなっていない前位の走者に先んじた場合。（後位の走者がアウトとなる）

【原注】　後位の走者の行動または前位の走者の行動によって、後位の走者は前位の走者に先んじたとみなされる場合がある。

例──1アウト走者二・三塁のとき、三塁走者（前位の走者）が本塁へ進塁しようとして三塁本塁間のランダウンプレイとなった。二塁走者（後位の走者）は前位の走者がタッグアウトになると思い、三塁に進んだ。三塁走者は触球されずに、三塁に戻り、左翼

方向に塁を踏み越えてしまった。このとき、後位の走者は、前位の走者の行動によって
前位の走者に先んじたことになる。結果として、後位の走者はアウトとなり、三塁は占
有されていないことになる。前位の走者が三塁を放棄してアウトと宣告されていない限
り、前位の走者はアウトになる前に三塁に戻れば三塁を占有する権利がある。5.06(a)
(1)参照。

【注1】 ボールインプレイ中に起きた行為（たとえば、悪送球、ホームランまたは柵
　　　外に出たフェアヒットなど）の結果、走者に安全進塁権が認められた場合にも、本
　　　項は適用される。

【注2】 本項は、走者の位置が入れ代わったときに、後位の走者をアウトにすること
　　　を意味し、たとえば、二塁の走者を甲、一塁の走者を乙とすれば、一塁走者乙が二
　　　塁走者甲を追い越したときはもちろん、逆走の際など、二塁走者甲が一塁走者乙を
　　　追い越す形をとって、本来本塁から遠くにあるべき乙と、近くにあるべき甲との位
　　　置が入れ代わった場合でも、常に後位の乙がアウトになることを規定している。

(10) 走者が正規に塁を占有した後に塁を逆走したときに、守備を混乱させる意
　　図、あるいは試合を愚弄する意図が明らかであった場合。
　　　この際、審判員はただちにタイムを宣告して、その走者にアウトを宣告する。

【原注】 走者がまだ占有していない塁に到達した後、飛球が捕らえられたと思ったり、
　　　元の占有塁に帰るようにおびき出されて元の塁に帰ろうとした場合、途中で触球されれ
　　　ばアウトになる。しかし、元の占有塁に帰りついたら、その塁についている限り、触球
　　　されてもアウトにはならない。

【注】 たとえば、一ゴロを打った打者が一塁手の触球を避けようとして、側方に離れ
　　　て走らない限り、逆走するようなことはさしつかえないが、本塁に達するとアウト
　　　になる。

(11) 走者が一塁をオーバーランまたはオーバースライドした後、ただちに一塁

に帰塁しなかった場合。

　一塁をオーバーランまたはオーバースライドした走者が二塁へ進もうとする
行為を示せば、触球されればアウトとなる。

　また、一塁をオーバーランまたはオーバースライドした走者が、ただちに帰
塁しないでダッグアウトまたは自己の守備位置に行こうとした場合も、野手が
走者または塁に触球して、アピールすればアウトとなる。

【原注】　2アウト後、一塁に触れてオーバーランしたが、審判員によって〝セーフ〟の
宣告を受けた打者走者は、5.08（a）を適用する上では〝一塁に達した〟ことになり、
〝ただちに〟一塁に帰塁しなかったために第3アウトになっても、このプレイ中にアウ
トよりも先に本塁に達していた走者は、得点として認められる。

(12)　走者が本塁に走り込むか、または滑り込んだ際に、本塁に触れないで、し
　　 かも本塁に触れ直そうとしないときに、野手がボールを持って本塁に触れて、
　　 審判員にアピールした場合。（5.09 c 4参照）

【原注】　本項は、本塁に触れなかった走者がベンチに向かっており、アウトにするため
には捕手がその走者を追いかけなければならないような場合に適用される。本塁を踏み
損ねた走者が、触球される前に踏み直そうと努力しているような普通のプレイが行なわ
れているときには適用されない。この場合には、走者は触球されなければアウトにはな
らない。

(13)　走者を除く攻撃側チームのメンバーが、ある走者に対して行なわれた送球
　　 を処理しようとしている野手の守備を妨害した場合。（6.01 b 参照。走者によ
　　 る妨害については5.09 b 3参照）
（c）　アピールプレイ
　　 次の場合、アピールがあれば、走者はアウトとなる。

（1）　飛球が捕らえられた後、走者が再度の触塁（リタッチ）を果たす前に、身体あるいはその塁に触球された場合。

【原注】　ここでいう〝リタッチ〟とは、捕球後、塁に触れた状態から次塁へスタートすることをいう。

　　したがって、塁の後方からスタートして、走りながら塁に触れて次塁へ進もうとするいわゆるフライングスタートは、正規なリタッチの方法ではない。このような走者は、アピールがあればアウトとなる。

（2）　ボールインプレイのとき、走者が進塁または逆走に際して各塁に触れ損ねたとき、その塁を踏み直す前に、身体あるいは触れ損ねた塁に触球された場合。（5.06 b 1参照）

【規則説明】　塁を空過した走者は、
　（A）　後位の走者が得点してしまえば、その空過した塁を踏み直すことは許されない。
　（B）　ボールデッドのもとでは、空過した塁の次の塁に達すれば、その空過した塁を踏み直すことは許されない。

【原注】　例──打者が競技場の外へ本塁打を打つか、スタンドに入る二塁打を打って、一塁を空過した（ボールデッド）。──打者は二塁に触れる前ならば、誤りを正すために一塁に帰ることはできる。しかし、二塁に触れてしまうと、一塁に戻ることはできない。守備側がアピールすれば、一塁でアウトが宣告される。

　　例──打者が遊撃手にゴロを打ち、遊撃手はスタンドに飛び込む悪送球をした（ボールデッド）。──打者は一塁を空過したが、悪送球によって二塁が与えられた。打者走者は、審判員によって二塁が与えられても、二塁に進む前に一塁に触れなければならない。

　　いずれもアピールプレイである。

【注1】　本項〔規則説明〕（A）は、ボールインプレイとボールデッドとを問わず適用される。
【注2】　本項〔規則説明〕の場合、塁を空過した走者は、アピールがなければアウトにはならない。
【注3】　本塁を空過した走者は、ボールデッドのもとでは、投手が新しいボールか、元のボールを持って正規に投手板に位置すれば、本塁を踏み直すことは許されない。
【注4】　本項〔規則説明〕は、飛球が捕らえられたときのリタッチが早かった走者にも適用される。

（3）　走者が一塁をオーバーランまたはオーバースライドした後、ただちに帰塁しないとき、一塁に帰塁する前に身体または塁に触球された場合。（5.09 b 11参照）

（4）　走者が本塁に触れず、しかも本塁に触れ直そうとしないとき、本塁に触球された場合。（5.09 b 12参照）

　本項規定のアピールは、投手が打者へ次の1球を投じるまで、または、たとえ投球しなくてもその前にプレイをしたりプレイを企てるまでに行なわなければならない。
　イニングの表または裏が終わったときのアピールは、守備側チームのプレーヤーが競技場を去るまでに行なわなければならない。
　アピールは、その消滅の基準となるプレイまたはプレイの企てとはみなさない。
　投手がアピールのために塁に送球し、スタンドの中などボールデッドの個所にボールを投げ込んだ場合には、同一走者に対して、同一塁についてのアピールを再びすることは許されない。
　第3アウトが成立した後、ほかにアピールがあり、審判員が、そのアピールを支持した場合には、そのアピールアウトが、そのイニングにおける第3アウトとなる。

　また、第3アウトがアピールによって成立した後でも、守備側チームは、このアウトよりもほかに有利なアピールプレイがあれば、その有利となるアピールアウトを選んで、先の第3アウトと置きかえることができる。

　〝守備側チームのプレーヤーが競技場を去る〟とあるのは、投手および内野手が、ベンチまたはクラブハウスに向かうために、フェア地域を離れたことを意味する。

【5.09 c 原注】　2人の走者がほぼ同時に本塁に達し、前位の走者が本塁を空過、しかし後位の走者が本塁に触れていた場合、前位の走者はタッグまたはアピールされればアウトになる。それが第3アウトにあたる場合、後位の走者の得点は5.09（d）により認められない。

　　アピールするときに、投手がボークをした場合には、その消滅の基準となるプレイとみなされる。

　　アピールは言葉で表現されるか、審判員にアピールとわかる動作によって、その意図が明らかにされなければならない。プレーヤーがボールを手にして塁に何げなく立っても、アピールをしたことにはならない。アピールが行なわれているときは、ボールデッドではない。

【注1】　アピール権消滅の基準となるプレイには、投手のプレイはもちろん、野手のプレイも含まれる。たとえば打者がワンバウンドで外野席に入る安打を放って二塁に達したが、途中一塁を空過していた。プレイ再開後、投手が一塁へアピールのために送球したところ、悪送球となって、プレイングフィールド内を転々とした。これを拾った一塁手が一塁でアピールをすることはできるが、二塁走者がその悪送球を利して三塁へ走ったのを見て三塁へ送球してしまえば、一塁でのアピール権は消滅する。

【注2】　投手または野手のアピールのための送球がボールデッドの個所に入った場合、それはプレイの企てとみなされ、アピール権は消滅する。したがって、その後、いずれの塁、いずれの走者に対してもアピールは許されない。

【注3】　攻守交代の場合と試合終了の場合との区別なく、いずれの場合でも投手および内野手が、フェア地域を離れたときに、アピール権が消滅する。

　　アマチュア野球では、試合終了の場合に限って、両チームが本塁に整列したとき、アピール権は消滅することとする。

【注4】 アピールするには、言葉と動作とで、はっきりとその旨を表示しなければならない。

　なお、ある一つの塁を2人以上の走者が通過した際、その塁の空過を発見してアピールするには、どの走者に対するアピールであるかを明示しなければならない。たとえば、甲、乙、丙の3人の走者が、三塁を通過し、乙が三塁を踏まなかったときは、乙に対するアピールである旨を明示しなければならないが、もしこのとき甲が空過したと誤って申し出て、審判員に認められなかった場合でも、その塁を通過した走者の数までは、アピールを繰り返して行なうことができる。

【問】 1アウト走者一・三塁のとき、打者は外野に大飛球を打ったので、2人の走者はともに進塁しはじめたが、外野手はこの飛球を好捕した。離塁の少なかった三塁走者は三塁へ帰って捕球後あらためて本塁へ入った。一塁走者は二塁に触れた後に三塁近くまで行ったが、一塁に帰ろうと逆走しはじめたので、外野手は二塁に送球、二塁手は一塁走者が二塁に触れる前に、塁上でボールを持ってアピールした。ダブルプレイか。

【答】 ダブルプレイではない。その走者が一塁に帰るためには二塁を通る必要があるからといって、二塁に触球してもアウトにはできない。その走者に触球するか、または進塁の起点となる塁、すなわち一塁に触球しなければ、アウトにはできない。

【問】 1アウト走者一塁のとき、打者が外野へ大飛球を打ち、走者が二塁を回って三塁近くまで行ったとき、飛球が捕らえられたので、二塁に触れないで一塁へ帰ろうとした。どんな方法でアピールすれば走者をアウトにできるか。

【答】 走者に触球するか、二塁または一塁に触球してアピールすればよい。

【問】 2アウト走者二塁のとき、打者が三塁打を打ち、走者を得点させたが、打者は一塁も二塁も踏まなかった。守備側は二塁に触球してアピールし、アウトが宣告された。得点となるか。

【答】 得点は認められる。しかし守備側が最初から一塁でアピールしておれば、得点は認められない。また二塁から一塁に転送球して再びアピールすれば、一塁でのアピールアウトを、先の第3アウトと置きかえることができるから、得点とはならない。

【問】 1アウト走者一・二塁、打者が右翼へ大飛球を打ったとき、安打になると思った2人の走者は、フライが飛んでいる間進塁し続け、右翼手がこれを捕らえたにもかかわらず、二塁走者はそのまま本塁を踏んだ。しかし一塁走者は捕球されたのを見て一塁に引き返そうとした。右翼手は一塁へ送球、一塁手は一塁走者が帰塁する

より先に、塁に触球して、アウトにした。二塁走者は、一塁走者が一塁でアウトになるより先に、本塁を踏んでいるが、その得点は認められるか。

【答】　守備側が二塁でアピールしない限り、二塁走者の得点は認められる。しかし、守備側は、アピールによる第3アウトの成立後であっても、このアウトよりも有利となるアピールアウトを先の第3アウトと置きかえることができるから、二塁でアピールすれば、リタッチを果たしていない二塁走者はアウトになり、得点とはならない。

（d）　前位の走者の触塁失敗

　0アウトまたは1アウトのとき、前位の走者が、ある塁に触れ損ねるか、リタッチを果たさなかったとしても、正しく各塁に触れて進んだ後位の走者は、前位の走者の責を負ってその正しい走塁を取り消されることはない。

　ただし、2アウト後、前位の走者がアピールによって3人目のアウトとなったときには、後位の走者が正規に本塁に触れていても、その走者の得点は認められない。また、その第3アウトがフォースアウトの形をとったときには、他のすべての走者が正規に本塁に触れていても、その得点は認められない。

（e）　攻守交代

　攻撃側チームは、3人のプレーヤーが正規にアウトにされると守備につき、その相手チームが攻撃に移る。

5.10　プレーヤーの交代

（a）　プレーヤーの交代は、試合中ボールデッドのときなら、いつでも許される。代わって出場したプレーヤーは、そのチームの打撃順に従って、退いたプレーヤーの順番を受け継いで打つ。

（b）　監督は、プレーヤーの交代があった場合には、ただちにその旨を球審に通告し、あわせて打撃順のどこに入るかを明示しなければならない。

【原注】　守備側チームのプレーヤーが2人以上同時に代わって出場したときは、その代わって出場したプレーヤーが守備位置につく前に、監督はただちにそのプレーヤーの打撃順を球審に示し、球審はこれを公式記録員に通告する。

　この通告がなかったときは、球審は、代わって出場したプレーヤーの打撃順を指定する権限を持つ。

　ダブルスイッチ（投手交代と同時に野手も交代させて、打撃順を入れ替える）の場合、監督はファウルラインを越える前に、まず球審に複数の交代と入れ替わる打撃順を通告しなければならない。監督またはコーチがファウルラインを越えたら、それ以後ダブルスイッチはできない。

　試合から退いたプレーヤーは、ベンチに入って、そのチームとともに残ることはできる。また、投手のウォームアップの相手をすることもできる。プレーヤー兼監督が控えのプレーヤーと代わって退いた場合、ベンチまたはコーチスボックスから指揮を続けることはできる。

　審判員は、試合から退いてベンチに残ることを許されたプレーヤーが相手チームのプレーヤー、監督または審判員に対して、やじをとばすことは許さない。

【注】　我が国では、本項〔原注〕の〝ダブルスイッチ〟以下の段については、所属する団体の規定に従う。

（c）　交代通告を受けた球審は、ただちにその旨を自ら発表するか、または発表させる義務がある。

（d）　いったん試合から退いたプレーヤーは、その試合に再出場することはできない。すでに試合から退いたプレーヤーが、何らかの形で、試合に再出場しようとしたり、または再出場した場合、球審はその不正に気付くか、または他の審判員あるいはいずれかのチームの監督に指摘されたら、ただちに当該プレーヤーを試合から除くよう監督に指示しなければならない。その指示がプレイの開始前になされたときは、退いたプレーヤーに代わって出場しているべきプレーヤーの出場は認められる。しかし、その指示がプレイの開始後になされたときは、すでに試合から退いているプレーヤーを試合から除くと同時に、退いたプレーヤーに代わ

って出場しているべきプレーヤーも試合から退いたものとみなされ、試合に出場することはできない。プレーヤー兼監督に限って、控えのプレーヤーと代わってラインアップから退いても、それ以後コーチスボックスに出て指揮することは許される。

　守備側チームのプレーヤーが2人以上同時に交代する場合、監督はその代わって出場したプレーヤーが守備位置につく前に、速やかにそれぞれの打撃順に示し、球審はこれを公式記録員に通告しなければならない。

　球審にただちに通知がなされなかったときは、球審が代わって出場したプレーヤーの打撃順を指定する権限を持つ。

【原注】　同一イニングでは、投手が一度ある守備位置についたら、再び投手となる以外他の守備位置に移ることはできないし、投手に戻ってから投手以外の守備位置に移ることもできない。

　　投手以外の負傷退場した野手に代わって出場したプレーヤーには、5球を限度としてウォームアップが許される。（投手については、5.07bに規定がある）

　　すでに試合から退いているプレーヤーが試合に出場中に起こったプレイは、いずれも有効である。プレーヤーが試合から退いたことを知っていながら再出場したと審判員が判断すれば、審判員は監督を退場させることができる。

【注】　アマチュア野球では、試合から退いたプレーヤーが、ベースコーチとなることを認めることもある。

（e）　打順表に記載されているプレーヤーは、他のプレーヤーの代走をすることは許されない。

【原注】　この規則は〝コーティシーランナー〟（相手の好意で適宜に許される代走者）の禁止を意味している。試合に出場しているプレーヤーは、他のプレーヤーのために、コーティシーランナーになることを許されず、いったん試合から退いたプレーヤーも同様である。打順表に記載されていないプレーヤーでも、一度走者として出たならば、代わ

って出場したプレーヤーと同様にみなす。

（f）　4.03（a）、同（b）の手続きによって球審に手渡された打順表に記載されている投手は、第1打者またはその代打者がアウトになるかあるいは一塁に達するまで、投球する義務がある。ただし、その投手が負傷または病気のために、投球が不可能になったと球審が認めた場合を除く。

（g）　ある投手に代わって救援に出た投手は、そのときの打者または代打者がアウトになるか一塁に達するか、あるいは攻守交代になるまで、投球する義務がある。ただし、その投手が負傷または病気のために、それ以後投手としての競技続行が不可能になったと球審が認めた場合を除く。

　　　以下はマイナーリーグで適用される。先発投手または救援投手は、打者がアウトになるか、一塁に達するかして、登板したときの打者（または代打者）から連続して最低3人の打者に投球するか、あるいは攻守交代になるまで、投球する義務がある。ただし、その投手が負傷または病気のために、それ以後投手としての競技続行が不可能になったと球審が認めた場合を除く。

　　【注】　本項後段については、メジャーリーグでも適用されるが、我が国では適用しない。

（h）　規則で代わることが許されていない投手に代わって他のプレーヤーが出場した場合には、審判員は、規則を正しく適用するために、正規の投手に試合に戻ることを命じなければならない。

　　　万一、誤って出場した投手が、指摘されないまま打者へ1球を投げるか、または塁上の走者がアウトになった場合には、その投手は正当化されて、以後のプレイはすべて有効となる。

　　【原注】　監督が規則に違反して投手を退かせようとしたときには、審判員はその監督に

不可能である旨を通告しなければならない。たまたま、球審が看過して規則で許されていない投手の出場を発表してしまった場合でも、その投手が投球する前なら正しい状態に戻すことができる。万一、誤って出場した投手が1球を投じてしまえば、その投手は正規の投手となる。

（*i*）　すでに試合に出場している投手がイニングの初めにファウルラインを越えてしまえば、その投手は、第1打者がアウトになるかあるいは一塁に達するまで、投球する義務がある。ただし、その打者に代打者が出た場合、またはその投手が負傷または病気のために、投球が不可能になったと球審が認めた場合を除く。

　　また、投手が塁上にいるとき、または投手の打席で前のイニングが終了して、投手がダッグアウトに戻らずにマウンドに向かった場合は、その投手は、準備投球のために投手板を踏まない限り、そのイニングの第1打者に投球する義務はない。

（*j*）　交代発表のなかったプレーヤーの取り扱い

　　代わって出場したプレーヤーは、たとえその発表がなくても、次のときから、試合に出場したものとみなされる。

（1）　投手ならば、投手板上に位置したとき。

（2）　打者ならば、バッタースボックスに位置したとき。

（3）　野手ならば、退いた野手の普通の守備位置についてプレイが始まったとき。

（4）　走者ならば、退いた走者が占有していた塁に立ったとき。

　　本項で出場したものと認められたプレーヤーが行なったプレイ、およびそのプレーヤーに対して行なわれたプレイは、すべて正規のものとなる。

（*k*）　両チームのプレーヤーおよび控えのプレーヤーは、実際に競技にたずさわっているか、競技に出る準備をしているか、あるいは一塁または三塁のベースコーチに出ている場合を除いて、そのチームのベンチに入っていなければならない。

　《プレーヤー、監督、コーチ、トレーナーおよび試合中にベンチやブルペンに入ることを許されたクラブ関係者は、実際に競技にたずさわっているか、競技に出

る準備をしているか、その他許される理由以外で、競技場に出ることはできない。》

　　ペナルティ　本項に違反したときは、審判員は、警告を発した後、その反則者を競技場から除くことができる。

【注1】　次打者席には、次打者またはその代打者以外入ってはならない。

【注2】　ベンチあるいはダッグアウトに入ることのできる者に関しては、プロ野球では各リーグの規約によって定め、アマチュア野球では協会、連盟ならびに大会などの規約に基づいて定めている。

（ℓ）　監督・コーチがマウンドに行ける回数

　　プロフェッショナルリーグは、監督またはコーチが投手のもとへ行くことに関して、次の規則を適用しなければならない。

（1）　この項は、監督またはコーチが、1イニングに同一投手のもとへ行ける回数を制限する規則である。

（2）　監督またはコーチが、1イニングに同一投手のもとへ2度目に行けば、その投手は自動的に試合から退かなければならない。

（3）　監督またはコーチは、そのときの打者が打撃を続けている限り、再びその投手のもとへ行くことはできない。

（4）　攻撃側がその打者に代打者を出した場合には、監督またはコーチは再びその投手のもとへ行ってもよいが、その投手は試合から退かなければならない。

　　監督またはコーチが投手のもとへ行った後、投手板を囲んでいる18フィートの円い場所を離れたら、1度行ったことになる。

【5.10 ℓ 原注】　監督（またはコーチ）が、捕手または内野手のところへ行き、その野手がそのままマウンドに行ったり、投手が、守備位置にいるその野手のところへ行ったと

きは、監督（またはコーチ）がマウンドに行ったものと同様に扱われる。ただし、1球
が投じられた後、またはプレイが行なわれた後は、この限りではない。

　監督（またはコーチ）が、捕手または内野手のところへ行き、その野手が投手と相談
するためにマウンドに行って、規則の適用をのがれようとしたり、規則を出し抜こうと
するいかなる企ても、すべてマウンドへ行った回数に数えられる。

　コーチがマウンドに行って投手を退け、新しく出てきた投手に指示を与えるために監
督がマウンドに行ったときは、そのイニングで新しい投手のもとへ1度行ったことにな
る。

　監督がすでに1度投手のもとへ行っているので、同一イニングで同一投手へ、同一打
者のときには、もう1度行くことはできないと審判員が警告したにもかかわらず、監督
が行った場合、その監督は試合から除かれ、投手はただちに退かないでその打者がアウ
トになるか、走者になるまで投球し、その義務を果たした後に試合から退かなければな
らない。この場合、監督は、その投手は1人の打者に投球したら交代しなければならな
いのだから、リリーフ投手にウォームアップさせておかねばならない。リリーフ投手
は、審判員の適宜な判断において、必要な準備投球が許される。

　投手が負傷を受けたとき、監督がその投手のもとへ行きたいときには、審判員にその
許可を要請することができる。許可があれば、マウンドに行く回数には数えられない。

【注1】　我が国では本項にある〝投手板を囲んでいる18³₄ftの円い場所〟を〝ファウル
　　ライン〟と置きかえて適用する。
【注2】　監督（またはコーチ）が投手のもとへ行った後、ファウルラインを越えて引
　　き上げたら、その投手は、そのときの打者がアウトになるか、走者になるか、また
　　は攻守交代になるまで投球した後でなければ退くことはできない。ただし、その打
　　者に代打者が出た場合は、この限りではない。
【注3】　監督（またはコーチ）が投手のもとへ行った回数を数えるにあたって、イニ
　　ングの途中で投手交代の通告が行なわれた後、プレイが再開されるまでに新しく出
　　てきた投手のもとへ監督（またはコーチ）が行った場合、監督（またはコーチ）が
　　マウンドに行って投手を退け、そのままとどまって新しく出てきた投手に指示を与
　　えて引き上げた場合、いずれも1度とは数えないが、次の場合は、いずれも監督
　　（またはコーチ）が投手のもとへ行った回数として数える。
　①　監督（またはコーチ）がファウルライン近くまできて投手に指示を与えた場合。

　　ただし、ファウルライン近くまできたが、投手に指示を与えることもなくそのま
　　ま思い直して引き返した場合を除く。
　②　投手の方からファウルラインを越えて、監督（またはコーチ）の指示を受けた
　　場合。
　③　コーチがマウンドに行って投手を退け、ファウル地域まで戻ってきて監督と打
　　ち合わせてから、新しく出てきた投手のもとへ行った場合。
【注4】　コーチ（または監督）が、マウンドに行って投手を退け、新しく出てきた救
　援投手に指示を与えるために監督（またはコーチ）がマウンドに行った後、そのと
　きの打者に代打者が出されたとき、監督（またはコーチ）が再びその投手のもとへ
　行くことは許されるが、その投手はただちに試合から退くことはできず、その代打
　者がアウトになるか、走者になるか、攻守交代になるまで投球した後に、退かなけ
　ればならない。
【注5】　アマチュア野球では、本項については、所属する団体の規定に従う。

（m）　マウンドに行く回数の制限
　　以下の規則は、メジャーリーグで適用される。マイナーリーグでは、1試合の
　マウンドに行ける回数について、本項規定と異なる制限を設けてもよいし、制限
　を設けないこともできる。
（1）　投手交代を伴わないでマウンドに行くことは、9イニングにつき1チーム
　　あたり5回に限られる。延長回については、1イニングにつき1回、マウンド
　　に行くことができる。
（2）　監督またはコーチが投手と話すためにマウンドに行った場合、回数に数え
　　る。また、野手が投手と話すために守備位置を離れた場合や、投手が野手と話
　　すためにマウンドを離れた場合も、位置や時間にかかわらず回数に数える。
　　　ただし、すでにマウンドで行なわれている相談に途中から監督、コーチまた
　　は野手が加わっても、新たな回数には数えない。さらに、次の場合もマウンド
　　に行く回数には数えない。
（A）　打者が打撃を完了して次の打者が打席に入るまでの間、投手と野手がい
　　ずれも守備位置から離れずに話し合いが行なわれた場合。

（B）　野手が、投手と話すためでなく、単にスパイクの汚れを払うためにマウンドに行った場合。

（C）　投手の負傷、または負傷の可能性があるために、野手がマウンドに行った場合。

（D）　攻撃側チームによる選手交代の通告後、投手が次の1球を投じるか、または、プレイをする前に、野手がマウンドに行った場合。

（E）　審判員のタイム（たとえば、審判員や選手が負傷したり、観客、物体、または球場整備員がフィールド上に現れたり、あるいは監督がリプレイ検証を要求したときなど）による試合の中断の際、野手が試合の再開を遅らせることなく、マウンドに行った場合。

（F）　フェンス越えの本塁打を打たれた後に、野手がマウンドに行った場合。ただし、打者走者が本塁に達する前には自分の守備位置に戻らなければならない。

（G）　イニングの間および投手交代の間に適用された時間制限の中で、野手がマウンドに行った場合。

（3）　サインの確認――1試合（または延長回）で決められたマウンドに行くことができる回数を使い果たした後に、捕手が出したサインについて投手と意思の確認ができていないと球審が判断した場合には、捕手からの要求があれば球審は捕手に少しだけマウンドに行くことを認めてもよい。決められた制限回数を使い果たす前にサインの確認のためにマウンドに行った場合は、回数に数える。

（4）　マウンドに行く回数制限の施行――監督またはコーチが、チームに与えられたマウンドに行ける回数を使い果たした後に、マウンドに向かうためにファウルラインを越えてしまえば、その救援投手の第1打者が打撃中でない限り、その投手を交代させなければならない。もし第1打者の打撃中であれば、5.10（g）により、その打者が打撃を完了するまで投げ続けなければならない。

　　監督またはコーチが、マウンドに行く回数に例外が適用されると思う場合は、

ファウルラインを越える前に審判員に確認しなければならない。

　本規則の運用によって突発的な投手交代を行なわなければならないとき、救援投手がブルペンでウォームアップをしていなかった場合、監督またはコーチは、マウンドに行く回数制限を超えて違反したことにより、試合から退けられる。この場合、審判員は、その救援投手に対して、試合に出場するために必要な準備の時間を与えることができる。

　野手が、チームに与えられたマウンドに行ける回数を使い果たした後に、審判員に自分の守備位置に戻るよう注意されたにもかかわらずマウンドへ行けば、その野手は試合から退けられる。しかし、この場合、投手交代の必要はない。

【注】　我が国では、(m)項については、所属する団体の規定に従う。

5.11　指 名 打 者
（ａ）　指名打者ルールは次のとおりである。
（１）　先発投手または救援投手が打つ番のときに他の人が代わって打っても、その投球を継続できることを条件に、これらの投手に代わって打つ打者を指名することが許される。

　投手に代わって打つ指名打者は、試合開始前に選ばれ、球審に手渡す打順表に記載されなければならない。監督が打順表に10人のプレーヤーを記載したが、指名打者の特定がされておらず、球審がプレイを宣告する前に、審判員またはいずれかの監督（またはその指名する者）がその誤りに気付いたときは、球審は、監督に投手以外の9人のプレーヤーのうち誰が指名打者になるのかを特定するように命じる。

【原注】　指名打者特定の明らかな誤りは、試合開始前であれば訂正することができる。（4.03〔原注〕参照）

（2）　試合開始前に交換された打順表に記載された指名打者は、相手チームの先発投手に対して、少なくとも1度は、打撃を完了しなければ交代できない。ただし、その先発投手が交代したときは、その必要はない。

（3）　チームは必ずしも投手に代わる指名打者を指名しなくてもよいが、試合前に指名しなかったときは、その試合で指名打者を使うことはできない。

（4）　指名打者に代えて代打者を使ってもよい。指名打者に代わった打者は、以後指名打者となる。退いた指名打者は、再び試合に出場できない。

（5）　指名打者が守備についてもよいが、自分の番のところで打撃を続けなければならない。したがって、投手は退いた守備者の打撃順を受け継ぐことになる。ただし、2人以上の交代が行なわれたときは、監督が、打撃順を指名しなければならない。

（6）　指名打者に代わって代走者が出場することができるが、その走者が以後指名打者の役割を受け継ぐ。指名打者が代走者になることはできない。

（7）　指名打者は、打順表の中でその番が固定されており、多様な交代によって指名打者の打撃の順番を変えることは許されない。

（8）　投手が一度他の守備位置についた場合、それ以後指名打者の役割は消滅する。

（9）　代打者が試合に出場してそのまま投手となった場合、それ以後指名打者の役割は消滅する。

（10）　投手が指名打者に代わって打撃するかまたは走者になった場合、それ以後指名打者の役割は消滅する。試合に出場している投手は、指名打者に代わってだけ打撃または走者になることができる。

（11）　監督が打順表に10人のプレーヤーを記載したが、指名打者が特定されておらず、試合開始後に、相手チームの監督がその誤りを球審に指摘した場合は、
　（A）チームが守備についた後では、投手は、守備につかなかったプレーヤーの打撃順に入る。
　（B）チームがまだ守備についていないときには、投手は、そのチームの監督

が指定した打撃順に入る。

　いずれの場合も、投手が置きかわったプレーヤーは交代したとみなされ、試合から退き、それ以後指名打者の役割は消滅する。誤りが球審に指摘される前に起きたプレイは、6.03（b）により有効となる。

（12）　指名打者が守備位置についた場合それ以後指名打者の役割は消滅する。

（13）　指名打者に代わって出場させようとするプレーヤーは、指名打者の番がくるまで届け出る必要はない。

（14）　他の守備位置についていたプレーヤーが投手になれば、それ以後指名打者の役割は消滅する。

（15）　指名打者は、ブルペンで捕手を務める以外は、ブルペンに座ることはできない。

（b）　チームは投手に代わる打者を指名する義務はない。しかしながら、先発投手自身が打つ場合には、本条（a）項により、別々の2人として考えることができる。監督は自分のチームの打順表に10人のプレーヤーを記載し、このプレーヤーにおいて、一つは先発投手、もう一つは指名打者として2度、同じ名前を記載することになる。もしこのプレーヤーが投手を退いたとしても、指名打者としては出場し続けることはできるが、再び投手として出場することはできない。また、このプレーヤーが指名打者を退けば、投手として出場し続けることはできるが、再び打者として打席に立つことはできない。

　このプレーヤーが投手と指名打者の両方を同時に退くことになった場合、それに置き換わる投手と指名打者両方の役割を満たす他のプレーヤーに代わることはできない。チームにおいて、先発投手自身が指名打者としても打つことができる本規定を採用するかは、最初の打順表で記載するときにのみできる。

　本条（a）項にもかかわらず、その投手が指名打者として打つかまたは走者になったとしても、チームに対する指名打者の役割は消滅しない。また、その指名打者が投手の役割を引き受けた場合においても、その役割は消滅しない。しかし、そのプレーヤーが投手として降板し、投手以外の守備位置に移った場合には、そ

れ以後指名打者の役割は消滅する。

【5.11注】　我が国では、指名打者ルールについては、所属する団体の規定に従う。

5.12　〝タイム〟の宣告

（a）　審判員が試合を停止するときは〝タイム〟を宣告する。球審が〝プレイ〟を宣告したときに停止状態は終わり、競技は再開される。タイムの宣告からプレイの宣告までの間、試合は停止される。

（b）　審判員が〝タイム〟を宣告すれば、ボールデッドとなる。
　　　次の場合、球審は〝タイム〟を宣告しなければならない。

（1）　天候、暗さのためなどで、これ以上試合を続行するのは不可能であると球審が認めた場合。

（2）　ライトの故障のために、審判員がプレイを見るのに困難となるか不可能となった場合。

【付記】　各リーグは、ライトの故障により試合が中断された場合の特別規則を、独自に設けてもよい。

【注1】　プレイの進行中にライトの故障が生じたとき、その瞬間完了されていないプレイは無効とする。ダブルプレイおよびトリプルプレイが行なわれている間に、ライトの故障が生じた場合には、たとえ最初のアウトが成立した後であっても、そのプレイは完成されたものとはみなされない。

　　　ライトが復旧したときには、ライトの故障のために無効とされたプレイが始まる前の状態から再開しなければならない。

【注2】　打球、投手の投送球または野手の送球が5.06（b）（4）に規定される状態となったとき、および四球、死球、ボーク、捕手またはその他の野手の妨害、走塁妨害などで、走者が安全に進塁できる状態となったときにライトが消えた場合に限って、たとえ各走者の走塁が完了していなくても、そのプレイは有効とする。

【注3】 プレイが行なわれているとき、一部のライトが消えた場合（たとえば電圧が急に低下した場合とか、1、2基が故障を起こした場合）などには、ただちにタイムとするか、またはプレイが終了するまでボールインプレイの状態におくかは、審判員の判断で決定する。

（3） 突発事故により、プレーヤーがプレイできなくなるか、あるいは審判員がその職務を果たせなくなった場合。

プレイングフィールドの外への本塁打、または死球の場合のように、1個またはそれ以上の安全進塁権が認められた場合、走者が不慮の事故のために、その安全進塁権を行使することができなくなったときは、その場から控えのプレーヤーに代走させることができる。

（4） 監督がプレーヤーを交代させるため、またはプレーヤーと協議するために〝タイム〟を要求した場合。

【注】 監督は、プレイが行なわれていないときに、〝タイム〟を要求しなければならない。投手が投球動作に入ったときとか、走者が走っている場合などのように、プレイが始まろうとしているとき、またはプレイが行なわれているときには、〝タイム〟を要求してはならない。

もし、このような要求があっても、審判員は〝タイム〟を宣告してはならない。なお〝タイム〟が発効するのは、〝タイム〟が要求されたときではなく、審判員が〝タイム〟を宣告した瞬間からである。

（5） 審判員がボールを検査する必要を認めるか、監督と打ち合わせをするためか、またはこれに準ずる理由のある場合。

（6） 野手が飛球を捕らえた後、ボールデッドの個所に踏み込んだり、倒れ込んだ場合。各走者は、アウトにされるおそれなく、野手がボールデッドの個所に入ったときの占有塁から1個の進塁が許される。

（7） 審判員がプレーヤーまたはその他の人に、競技場から去ることを命じた場合。

（8）　審判員はプレイの進行中に、〝タイム〟を宣告してはならない。ただし、
（2）項、または（3）項後段に該当するときは、この限りではない。

　ボールデッドになった後、投手が新しいボールか、元のボールを持って正規に
投手板に位置して、球審がプレイを宣告したときに、競技は再開される。
　投手がボールを手にして投手板に位置したら、球審はただちにプレイを宣告し
なければならない。

6.00　反則行為

6.01　妨害・オブストラクション・本塁での衝突プレイ

（a）　打者または走者の妨害

　　　次の場合は、打者または走者によるインターフェアとなる。

（1）　捕手に捕球されていない第3ストライクの後、打者走者が投球を処理しよ
うとしている捕手を明らかに妨げた場合。

　　　打者走者はアウトになり、ボールデッドとなって、他の走者は投手の投球当
時占有していた塁に戻る。

　　　もし、捕球されずに本塁周辺にとどまっている投球が、打者または審判員に
よって不注意にそらされた場合、ボールデッドとなって、塁上の走者は投手の
投球当時占有していた塁に戻る。この投球が第3ストライクのときは、打者は
アウトになる。

【原注】　投球が、捕手または審判員に触れて進路が変わり、その後に打者走者に触れた
場合は、打者走者が投球を処理しようとしている捕手を明らかに妨げたと審判員が判断
しない限り、妨害とはみなされない。

【注】　①　第3ストライクの宣告を受けただけでまだアウトになっていないか、また
は四球の宣告を受けて一塁へ進むべき打者走者が、三塁からの走者に対する捕手
の守備動作を明らかに妨害した場合は、その打者走者をアウトとし、三塁からの
走者は、投手の投球当時占有していた三塁へ帰らせる。その他の各走者も、同様
に帰塁させる。

　　②　第3ストライクの宣告を受けて5.09（a）（2）または同（3）でアウトになった打
者が、三塁走者に対する捕手の守備動作を明らかに妨害したときは、6.01（a）
（5）によって三塁から走ってきた走者もアウトにする。

　　③　②の場合で、重盗を防ごうとする捕手の守備動作を明らかに妨害したときは、
その対象となった走者をアウトとして、他の走者は妨害発生の瞬間にすでに占有
していた塁へ帰らせる。もしも、捕手の守備動作がどの走者に対してなされたか

が明らかでない場合には、本塁に近い走者をアウトにする。(6.01a5〔注〕参照)

（2）　打者または走者が、まだファウルと決まらないままファウル地域を動いている打球の進路を、どんな方法であろうとも、故意に狂わせた場合。(5.09 a 9参照)

（3）　0アウトまたは1アウトで、走者三塁のとき、打者が本塁における野手のプレイを妨げた場合。

　　　この場合、走者がアウトになるが、2アウト後の場合は打者がアウトになる。(5.09 b 8、6.03 a 3・4参照)

【注】　本項は、5.09(b)(8)と異なる文字を用いているにすぎないから、ただ離塁しているにすぎない三塁走者をアウトにしようとする捕手のプレイを打者が妨げた場合などには、適用されない。

（4）　1人または2人以上の攻撃側メンバーが、走者が達しようとする塁に接近して立つか、あるいは、その塁の付近に集合して守備側を妨げるか、惑乱させるか、ことさらに守備を困難にした場合、その走者は、味方のメンバーが相手の守備を妨害（インターフェア）したものとしてアウトを宣告される。

（5）　アウトになったばかりの打者または走者、あるいは得点したばかりの走者が、味方の走者に対する野手の次の行動を阻止するか、あるいは妨げた場合は、その走者は、味方のプレーヤーが相手の守備を妨害（インターフェア）したものとして、アウトを宣告される。(5.09 a 13参照)

【原注】　打者または走者が、アウトになった後、進塁を続けたり、帰塁したり、正規の占有していた塁に戻ろうと試みたりしても、その行為だけでは、野手を惑乱したり、邪魔したり、またはさえぎったものとはみなされない。

【注】　本項を適用するにあたって、2人または3人の走者がいる場合、妨げられた守備動作が直接1人の走者に対して行なわれようとしていたことが判明しているときは、その走者をアウトにし、どの走者に対して守備が行なわれようとしていたか判定しにくいときは、本塁に最も近い走者をアウトにする。

前掲によって1人の走者に対してアウトを宣告したときは、ボールデッドとなり、他の走者は守備妨害の行なわれた瞬間すでに占有していた塁に帰らせる。

ただし、打球を直接処理した野手が打者走者に対して守備を行なわず、他の走者に対して行なおうとした守備が妨害された場合には、その走者をアウトにし、その他の走者は、投手の投球当時占有していた塁へ戻らせる。しかし打者走者だけは、再びバッタースボックスに帰せないから、一塁の占有を許す。

なお、打者が走者となって一塁へ進んだために、走者に一塁を明け渡す義務が生じたときは、その走者を二塁へ進ませる。たとえば、0アウト満塁のとき、打者が遊ゴロして、三塁からの走者がフォースアウトされ、その際、その走者が、捕手がさらに三塁にボールを送ってダブルプレイを企てようとするのを、突きとばして妨害したような場合、その走者と三塁に向かった走者とはアウトになるが、打者に一塁が与えられるので、一塁の走者は二塁に進むことが許されるような場合がそれである。

（6）　走者が、明らかに併殺を行なわせまいとして故意に打球を妨げるか、または打球を処理している野手を妨害したと審判員が判断したとき、審判員は、その妨害をした走者にアウトを宣告するとともに、味方のプレーヤーが相手の守備を妨害したものとして打者走者に対してもアウトを宣告する。この場合、ボールデッドとなって他の走者は進塁することも得点することもできない。

（7）　打者走者が、明らかに併殺を行なわせまいとして故意に打球を妨げるか、または打球を処理している野手を妨害したと審判員が判断したとき、審判員は打者走者に妨害によるアウトを宣告するとともに、どこで併殺が行なわれようとしていたかには関係なく、本塁に最も近い走者に対してもアウトを宣告する。この場合、ボールデッドとなって他の走者は進塁することはできない。

（8）　三塁または一塁のベースコーチが、走者に触れるか、または支えるかして、走者の三塁または一塁への帰塁、あるいはそれらの離塁を、肉体的に援助した

と審判員が認めた場合。

(9)　走者三塁のとき、ベースコーチが自己のボックスを離れて、なんらかの動
　　作で野手の送球を誘発した場合。

(10)　走者が打球を処理しようとしている野手を避けなかったか、あるいは送球
　　を故意に妨げた場合。

　　　ただし、2人以上の野手が接近して、打球を処理しようとしており、走者が
　　そのうち1人か2人以上の野手に接触したときには、審判員は、それらの野手
　　のうちから、本項の適用を受けるのに最もふさわしい位置にあった野手を1人
　　決定して、その野手に触れた場合に限ってアウトを宣告する。(5.09b3参照)

　　　走者がファウルボールに対する守備を妨害したとして、アウトを宣告され、
　　これが第3アウトにあたる場合、打者走者は打撃を完了したものとみなされ、
　　次のイニングの第1打者は次打者となる。(0アウトまたは1アウトのときは、
　　打者はそのまま打撃を続ける。)

【原注】　捕手が打球を処理しようとしているときに、捕手と一塁へ向かう打者走者とが
接触した場合は、守備妨害も走塁妨害もなかったものとみなされて、何も宣告されな
い。打球を処理しようとしている野手による走塁妨害は、非常に悪質で乱暴な場合にだ
け宣告されるべきである。たとえば、打球を処理しようとしているからといって、走者
を故意につまずかせるようなことをすれば、オブストラクションが宣告される。
　　捕手が打球を処理しようとしているのに、他の野手(投手を含む)が、一塁へ向かう
打者走者を妨害したらオブストラクションが宣告されるべきで、打者走者には一塁が与
えられる。

(11)　野手(投手を含む)に触れていないフェアボールが、フェア地域で走者に
　　触れた場合。

　　　ただし、走者がフェアボールに触れても、

　　(A)　いったん内野手(投手を含む)に触れたフェアボールに触れた場合

　　(B)　1人の内野手(投手を除く)に触れないでその股間または側方を通過し

たフェアボールに、すぐその後方で触れても、この打球に対して、他のいず
れの内野手も守備する機会がない場合

には、審判員は走者が打球に触れたという理由でアウトを宣告してはならない。

しかし、内野手が守備する機会を失った打球（内野手に触れたかどうかを問
わない）でも、走者が故意にその打球を蹴ったと審判員が認めれば、その走者
は、妨害（インターフェア）をしたという理由でアウトの宣告を受けなければ
ならない。（5.06 c 6、5.09 b 7参照）

インターフェアに対するペナルティ　走者はアウトとなり、ボールデッドとなる。

審判員が打者、打者走者または走者に妨害によるアウトを宣告した場合には、
他のすべての走者は、妨害発生の瞬間にすでに占有していたと審判員が判断す
る塁まで戻らなければならない。ただし、本規則で別に規定した場合を除く。

打者走者が一塁に到達しないうちに妨害が発生したときは、すべての走者は
投手の投球当時占有していた塁に戻らなければならない。

ただし、0アウトまたは1アウトのとき、本塁でのプレイで走者が得点した
後、打者走者がスリーフットレーンの外を走って守備妨害でアウトが宣告され
ても、その走者はそのままセーフが認められて、得点は記録される。

【注】 前記の〝打者走者が一塁に到達しないうち〟以下の段は、プレイが介在した後
に妨害が発生した場合には適用しない。

【原注1】 打球（フェアボールとファウルボールとの区別なく）を処理しようとしてい
る野手の妨げになったと審判員によって認められた走者は、それが故意であったか故意
でなかったかの区別なく、アウトになる。

しかし、正規に占有を許された塁についていた走者が、フェア地域とファウル地域と
の区別なく守備の妨げになった場合、審判員がその妨害を故意と判断したときを除い
て、その走者はアウトにはならない。審判員が、その妨害を故意と宣告した場合には次
のペナルティを科す。

　　　0アウトまたは1アウトのときは、その走者と打者とにアウトを、2アウト後のとき
　は、打者にアウトを宣告する。

　【問】　1アウト走者三塁のとき、三塁に触れている走者が、三塁横に上がったファウ
　　　ルフライを捕らえようとする三塁手の守備の妨げになったので、三塁手は捕球でき
　　　なかった。いかに処置すべきか。
　【答】　その走者が故意に守備を妨げたと審判員が認めればその走者と打者にアウトを
　　　宣告する。

　【原注2】　三塁本塁間で挟撃された走者が妨害によってアウトを宣告された場合には、
　　後位の走者はその妨害行為発生以前に、たとえ三塁を占めることがあっても、その占有
　　は許されず二塁に帰らなければならない。また、二塁三塁間で挟撃された走者が妨害に
　　よってアウトになった場合も同様、後位の走者は一塁に帰らなければならない。妨害が
　　発生した場合にはいずれの走者も進塁できないこと、および走者は正規に次塁に進塁す
　　るまでは元の塁を占有しているものとみなされることがその理由である。

　【注】　走者一・三塁のとき三塁走者が三塁本塁間で挟撃され、妨害によってアウトを
　　　宣告された場合、一塁走者がその妨害行為発生以前に二塁を占めておれば、一塁走
　　　者には二塁の占有が許される。

（b）　守備側の権利優先
　　　攻撃側チームのプレーヤー、ベースコーチまたはその他のメンバーは、打球あ
　るいは送球を処理しようとしている野手の守備を妨げないように、必要に応じて
　自己の占めている場所（ダッグアウト内またはブルペンを含む）を譲らなければ
　ならない。
　　　走者を除く攻撃側チームのメンバーが、打球を処理しようとしている野手の守
　備を妨害した場合は、ボールデッドとなって、打者はアウトとなり、すべての走
　者は投球当時に占有していた塁に戻る。
　　　走者を除く攻撃側チームのメンバーが、送球を処理しようとしている野手の守
　備を妨害した場合は、ボールデッドとなって、そのプレイの対象であった走者は

アウトとなり、他のすべての走者は妨害発生の瞬間に占有していた塁に戻る。

【原注】 守備側の妨害とは、投球を打とうとする打者を妨げたり、邪魔をする野手の行為をいう。

【注】 たとえば、プレーヤーが2本のバットを持って次打者席に入っていたとき、打者がファウル飛球を打ち、これを捕手が追ってきたので、そのプレーヤーは1本のバットを持って場所を譲ったが、捕手は取り残されたバットにつまずいたために、容易に捕らえることができたはずのファウル飛球を捕らえることができなかったような場合、プレーヤーの取り残したバットが、明らかに捕手の捕球を妨げたと審判員が判断すれば、打者はアウトになる。

（c）　捕手の妨害

　　捕手またはその他の野手が、打者を妨害（インターフェア）した場合、打者は走者となり、アウトにされるおそれなく、安全に一塁が与えられる。（ただし、打者が一塁に進んで、これに触れることを条件とする）

　　しかし、妨害にもかかわらずプレイが続けられたときには、攻撃側チームの監督は、そのプレイが終わってからただちに、妨害行為に対するペナルティの代わりに、そのプレイを生かす旨を球審に通告することができる。

　　ただし、妨害にもかかわらず、打者が安打、失策、四球、死球、その他で一塁に達し、しかも他の全走者が少なくとも1個の塁を進んだときは、妨害とは関係なく、プレイは続けられる。

【原注】 捕手の妨害が宣告されてもプレイが続けられたときは、そのプレイが終わってからこれを生かしたいと監督が申し出るかもしれないから、球審はそのプレイを継続させる。

　　打者走者が一塁を空過したり、走者が次塁を空過しても、〔5.06b3付記〕に規定されているように、塁に到達したものとみなされる。

　　監督がプレイを選ぶ場合の例。

① 1アウト走者三塁、打者が捕手に妨げられながらも外野に飛球を打ち、捕球後三塁走者が得点した。監督は、打者アウトで得点を記録するのと、走者三塁、一塁（打者が打撃妨害により出塁）とのいずれを選んでもよい。

② 0アウト走者二塁、打者は捕手に妨げられながらもバントして走者を三塁に進め、自らは一塁でアウトになった。監督は、0アウト走者二塁、一塁とするよりも、走者三塁で1アウトとなる方を選んでもよい。

三塁走者が盗塁またはスクイズプレイにより得点しようとした場合のペナルティは、6.01（g）に規定されている。

投手が投球する前に、捕手が打者を妨害した場合、打者に対する妨害とは考えられるべきではない。このような場合には、審判員は〝タイム〟を宣告して〝出発点〟からやり直させる。

【注1】 監督がプレイを生かす旨を球審に通告するにあたっては、プレイが終わったら、ただちに行なわなければならない。なお、いったん通告したら、これを取り消すことはできない。

【注2】 監督がペナルティの適用を望んだ場合、次のとおり解釈できる。

捕手（または他の野手）が打者を妨害した場合、打者には一塁が与えられる。三塁走者が盗塁またはスクイズプレイによって得点しようとしたときに、この妨害があった場合にはボールデッドとし、三塁走者の得点を認め、打者には一塁が与えられる。

三塁走者が盗塁またはスクイズプレイで得点しようとしていなかったときに、捕手が打者を妨害した場合にはボールデッドとし、打者に一塁が与えられ、そのために塁を明け渡すことになった走者は進塁する。盗塁を企てていなかった走者と塁を明け渡さなくてもよい走者とは、妨害発生の瞬間に占有していた塁にとめおかれる。

（d） 競技場内に入ることを公認された人の妨害

競技場内に入ることを公認された人（試合に参加している攻撃側メンバーまたはベースコーチ、そのいずれかが打球または送球を守備しようとしている野手を妨害した場合、あるいは審判員を除く）が競技を妨害したとき、その妨害が故意でないときは、ボールインプレイである。

　しかし故意の妨害のときには、妨害と同時にボールデッドとなり、審判員は、もし妨害がなかったら競技はどのような状態になったかを判断して、ボールデッド後の処置をとる。(4.07 a 参照)

【原注】　本項で除かれている攻撃側メンバーまたはベースコーチが、打球または送球を守備しようとしている野手を妨害した場合については6.01(b)参照。審判員による妨害については5.06(c)(2)、同(6)および5.05(b)(4)、走者による妨害については5.09(b)(3)参照。

　妨害が故意であったか否かは、その行為に基づいて決定しなければならない。

　たとえば、バットボーイ、ボールボーイ、警察官などが、打球または送球に触れないように避けようとしたが避けきれずに触れた場合は、故意の妨害とはみなされない。しかし、ボールを拾い上げたり、捕ったり、意図的に触れたりすることや、押し戻したり、蹴ったりすれば、この行為は故意の妨害とみなされる。

　例──打者が遊撃手にゴロを打ち、それを捕った遊撃手が一塁に悪送球した。一塁ベースコーチは送球に当たるのを避けようとしてグラウンドに倒れ、悪送球を捕りに行こうとした一塁手と衝突した。打者走者は三塁にまで到達した。妨害を宣告するかどうかは審判員の判断による。コーチが妨害を避けようとしたが避けきれなかったと判断すれば、妨害を宣告してはならない。

(e)　観衆の妨害

　打球または送球に対して観衆の妨害があったときは、妨害と同時にボールデッドとなり、審判員は、もし妨害がなかったら競技はどのような状態になったかを判断して、ボールデッド後の処置をとる。

【規則説明】　観衆が飛球を捕らえようとする野手を明らかに妨害した場合には、審判員は打者に対してアウトを宣告する。

【原注】　打球または送球がスタンドに入って観衆に触れたら、たとえ競技場内にはね返ってきてもボールデッドとなる場合と、観衆が競技場内に入ったり、境界線から乗り出

すか、その下またはあいだをくぐり抜けてインプレイのボールに触れるか、あるいはプレーヤーに触れたり、その他の方法で妨げた場合とは事情が異なる。後者の場合は故意の妨害として取り扱われる。打者と走者は、その妨害がなかったら競技はどのような状態になったかと審判員が判断した場所におかれる。

野手がフェンス、手すり、ロープから乗り出したり、スタンドの中へ手を差し伸べて捕球するのを妨げられても妨害とは認められない。野手は危険を承知でプレイしている。しかし、観衆が競技場に入ったり、身体を競技場の方へ乗り出して野手の捕球を明らかに妨害した場合は、打者は観衆の妨害によってアウトが宣告される。

例──1アウト走者三塁、打者が外野深く飛球（フェアかファウルかを問わない）を打った。観衆がそれを捕球しようとする外野手を明らかに妨害した。審判員は観衆の妨害によるアウトを宣告した。その宣告と同時にボールデッドとなり、審判員は、打球が深かったので、妨害されずに野手が捕球しても捕球後三塁走者は得点できたと判断して、三塁走者の得点を認める。本塁からの距離が近いほんの浅いフライに対しては、妨害があっても、このような処置をとるべきではない。

（f） コーチおよび審判員の妨害

送球が偶然ベースコーチに触れたり、投球または送球が審判員に触れたときも、ボールインプレイである。しかし、ベースコーチが故意に送球を妨害した場合には、走者はアウトとなる。

【原注】 審判員の妨害は、（1）盗塁を阻止しようとしたり、塁上の走者をアウトにしようとする捕手の送球動作を、球審が邪魔したり、はばんだり、妨げた場合、（2）打球が、野手（投手を除く）を通過する前に、フェア地域で審判員に触れた場合に起こる。
捕手の送球動作には、投手への返球も含む。

（g） スクイズプレイまたは本盗の妨害

三塁走者が、スクイズプレイまたは盗塁によって得点しようと試みた場合、捕手またはその他の野手がボールを持たないで、本塁の上またはその前方に出るか、

あるいは打者または打者のバットに触れたときには、投手にボークを課して、打者はインターフェアによって一塁が与えられる。この際はボールデッドとなる。

【注1】 捕手がボールを持たないで本塁の上またはその前方に出るか、あるいは打者または打者のバットに触れた場合は、すべて捕手のインターフェアとなる。

特に、捕手がボールを持たないで本塁の上またはその前方に出た場合には、打者がバッタースボックス内にいたかどうか、あるいは打とうとしたかどうかには関係なく、捕手のインターフェアとなる。また、その他の野手の妨害というのは、たとえば、一塁手などが著しく前進して、投手の投球を本塁通過前にカットしてスクイズプレイを妨げる行為などを指す。

【注2】 すべての走者は、盗塁行為の有無に関係なく、ボークによって1個の塁が与えられる。

【注3】 本項は、投手の投球が正規、不正規にかかわらず適用される。

【注4】 投手が投手板を正規に外して走者を刺そうと送球したときには、捕手が本塁上またはその前方に出ることは、正規なプレイであって、打者がこの送球を打てば、かえって打者は守備妨害として処置される。

（h） オブストラクション

オブストラクションが生じたときには、審判員は〝オブストラクション〟を宣告するか、またはそのシグナルをしなければならない。

（1） 走塁を妨げられた走者に対してプレイが行なわれている場合、または打者走者が一塁に触れる前にその走塁を妨げられた場合には、ボールデッドとし、塁上の各走者はオブストラクションがなければ達しただろうと審判員が推定する塁まで、アウトのおそれなく進塁することが許される。

走塁を妨げられた走者は、オブストラクション発生当時すでに占有していた塁よりも少なくとも1個先の進塁が許される。

走塁を妨げられた走者が進塁を許されたために、塁を明け渡さなければならなくなった前位の走者（走塁を妨げられた走者より）は、アウトにされるおそ

れなく次塁へ進むことが許される。

【付記】　捕手はボールを持たないで、得点しようとしている走者の進路をふさぐ権利はない。塁線（ベースライン）は走者の走路であるから、捕手は、まさに送球を捕ろうとしているか、送球が直接捕手に向かってきており、しかも十分近くにきていて、捕手がこれを受け止めるにふさわしい位置を占めなければならなくなったときか、すでにボールを持っているときだけしか、塁線上に位置することができない。

【原注】　走塁を妨げられた走者に対してプレイが行なわれている場合には、審判員は〝タイム〟を宣告するときと同じ方法で、両手を頭上にあげてオブストラクションのシグナルをしなければならない。オブストラクションのシグナルが行なわれたときは、ただちにボールデッドとなる。しかし、審判員のオブストラクションの宣告がなされる前に、野手の手を離れていたボールが悪送球となったときには、オブストラクションが発生しなければ、その悪送球によって当然許されるはずの塁がその走者に与えられるべきである。走者が二塁三塁間で挟撃され、すでに遊撃手からの送球がインフライトの状態のときに、三塁へ進もうとした走者が三塁手に走塁を妨げられたとき、その送球がダッグアウトに入った場合、その走者には本塁が与えられる。この際、他の走者に関しては、オブストラクションが宣告される以前に占有していた塁を基準として2個の塁が与えられる。

【注1】　内野におけるランダウンプレイ中に走者が走塁を妨げられたと審判員が判断した場合はもちろん、野手が、走者（一塁に触れた後の打者走者を含む）をアウトにしようとして、その走者が進塁を企てている塁へ直接送球していたときに、その走者が走塁を妨げられたと審判員が判断した場合も同様、本項が適用される。

【注2】　たとえば、走者二・三塁のとき、三塁走者が投手に追い出されて三塁本塁間で挟撃され、この間を利して二塁走者は三塁に達していたところ、挟撃されていた走者が三塁へ帰ってきたので二塁走者は元の塁へ戻ろうとし、二塁三塁間で挟撃された。しかし、このランダウンプレイ中に二塁走者はボールを持たない二塁手と衝突したような場合、審判員が二塁手の走塁妨害を認めれば〝オブストラクション〟

を宣告し、ボールデッドとして、二塁走者を三塁へ、三塁走者を本塁へ進める処置
をとる。

【注3】　たとえば、走者一塁、打者が左翼線に安打したとき、左翼手は一塁走者の三
塁への進塁をはばもうとして三塁へ送球したが、一塁走者は二塁を越えたところで
ボールを持たない遊撃手と衝突したような場合、審判員が遊撃手の走塁妨害を認め
れば、オブストラクションを宣告して、ボールデッドにし、一塁走者に三塁の占有
を許す。打者については、審判員がオブストラクション発生時の状況を判断して、
二塁へ達したであろうとみれば二塁の占有を許すが、二塁へ進めなかったとみれば
一塁にとどめる。

【注4】　たとえば、走者一塁、打者が一ゴロしたとき、ゴロをとった一塁手は一塁走
者をフォースアウトにしようと二塁へ送球したが、一塁へ向かっている打者と一塁
へ入ろうとした投手とが一塁の手前で衝突したような場合、審判員が投手の走塁妨
害を認めれば、オブストラクションを宣告して、ボールデッドにする。この際、審
判員がオブストラクションよりも二塁でのフォースアウトが後に成立したと判断し
たときには、打者走者を一塁に、一塁走者を二塁に進める。これに反して、オブス
トラクションより二塁でのフォースアウトが先に成立していたと判断したときには、
打者走者の一塁占有を認めるだけで、一塁走者の二塁でのフォースアウトは取り消
さない。

（2）　走塁を妨げられた走者に対してプレイが行なわれていなかった場合には、
すべてのプレイが終了するまで試合は続けられる。審判員はプレイが終了した
のを見届けた後に、初めて〝タイム〟を宣告し、必要とあれば、その判断で走
塁妨害によってうけた走者の不利益を取り除くように適宜な処置をとる。

【原注】　本項規定のようにオブストラクションによってボールデッドとならない場合、
走塁を妨げられた走者が、オブストラクションによって与えようと審判員が判断した塁
よりも余分に進んだ場合は、オブストラクションによる安全進塁権はなくなり、アウト
を賭して進塁したこととなり、触球されればアウトになる。このアウトは、審判員の判
断に基づく裁定である。

【注1】　たとえば、走者二塁のとき打者が左前安打した。左翼手は本塁をうかがった二塁走者をアウトにしようと本塁へ送球した。打者走者は一塁を越えたところで一塁手にぶつかったので、審判員は〝オブストラクション〟のシグナルをした。左翼手の本塁への送球は捕手の頭上を越す悪送球となったので、二塁走者はやすやすと得点することができた。オブストラクションを受けた打者走者は、ボールが転じているのを見て二塁を越え、三塁をうかがったところ、ボールを拾った投手からの送球を受けた三塁手に三塁到達前に触球されたような場合、審判員が、打者走者にはオブストラクションによって二塁しか与えることができないと判断したときには、三塁でのアウトは認められる。

　　これに反して、打者走者が三塁手の触球をかいくぐって三塁に生きたような場合、その三塁の占有は認められる。いずれの場合も、二塁走者の得点は認められる。

【注2】　たとえば、打者が三塁打と思われるような長打を放ち、一塁を空過した後、二塁を経て三塁に進もうとしたとき、遊撃手に妨げられて、三塁へ進むことができなかったような場合、審判員は、この反則の走塁を考慮することなく、妨害がなければ達したと思われる三塁へ進めるべきである。もし野手が打者の一塁空過を知ってアピールすれば、その打者はアウトになる。走塁の失敗はオブストラクションとはなんら関係がないからである。

（*i*）　本塁での衝突プレイ

（1）　得点しようとしている走者は、最初から捕手に接触しようとして、または避けられたにもかかわらず最初から接触をもくろんで走路から外れることはできない。もし得点しようとした走者が最初から捕手に接触しようとしたと審判員が判断すれば、捕手がボールを保持していたかどうかに関係なく、審判員はその走者にアウトを宣告する。その場合、ボールデッドとなって、すべての他の走者は接触が起きたときに占有していた塁（最後に触れていた塁）に戻らなければならない。走者が正しく本塁に滑り込んでいた場合には、本項に違反したとはみなされない。

【原注】　走者が触塁の努力を怠って、肩を下げたり、手、肘または腕を使って押したり

する行為は、本項に違反して最初から捕手と接触するために、または避けられたにもかかわらず最初から接触をもくろんで走路を外れたとみなされる。走者が塁に滑り込んだ場合、足からのスライディングであれば、走者の尻および脚が捕手に触れる前に先に地面に落ちたとき、またヘッドスライディングであれば、捕手と接触する前に走者の身体が先に地面に落ちたときは、正しいスライディングとみなされる。捕手が走者の走路をブロックした場合は、本項に違反して走者が避けられたにもかかわらず接触をもくろんだということを考える必要はない。

（2）　捕手がボールを持たずに得点しようとしている走者の走路をブロックすることはできない。もし捕手がボールを持たずに走者の走路をブロックしたと審判員が判断した場合、審判員はその走者にセーフを宣告する。前記にかかわらず、捕手が送球を実際に守備しようとして走者の走路をふさぐ結果になった場合（たとえば、送球の方向、軌道、バウンドに反応して動いたような場合）には、本項に違反したとはみなされない。また、走者がスライディングすることで捕手との接触を避けられたならば、ボールを持たない捕手が本項に違反したとはみなされない。

　　本塁でのフォースプレイには、本項を適用しない。

【原注】　捕手が、ボールを持たずに本塁をブロックするか（または実際に送球を守備しようとしていないとき）、および得点しようとしている走者の走塁を邪魔するか、阻害した場合を除いて、捕手は本項に違反したとはみなされない。審判員が、捕手が本塁をブロックしたかどうかに関係なく、走者はアウトを宣告されていたであろうと判断すれば、捕手が走者の走塁を邪魔または阻害したとはみなされない。また、捕手は、滑り込んでくる走者に触球するときには不必要かつ激しい接触を避けるために最大限の努力をしなければならない。滑り込んでくる走者と日常的に不必要かつ激しい接触（たとえば膝、レガース、肘または前腕を使って接触をもくろむ）をする捕手はリーグ事務局の制裁の対象となる。

【6.01 *i* 原注】　本項の〝捕手〟については、本塁のカバーに来た投手を含む野手にも適

用される。

【注】　我が国では、(1)(2)ともに、所属する団体の規定に従う。

（ j ）　併殺を試みる塁へのスライディング

　　走者が併殺を成立させないために、〝正しいスライディング〟をせずに、野手に接触したり、接触しようとすれば、本条によりインターフェアとなる。

　　本条における〝正しいスライディング〟とは、次のとおりである。走者が、

（1）　ベースに到達する前からスライディングを始め（先に地面に触れる）、

（2）　手や足でベースに到達しようとし、

（3）　スライディング終了後は（本塁を除き）ベース上にとどまろうとし、

（4）　野手に接触しようとして走路を変更することなく、ベースに達するように滑り込む。

　　〝正しいスライディング〟をした走者は、そのスライディングで野手に接触したとしても、本条によりインターフェアとはならない。また、走者の正規の走路に野手が入ってきたために、走者が野手に接触したとしてもインターフェアにはならない。

　　前記にかかわらず、走者がロールブロックをしたり、意図的に野手の膝や送球する腕、上半身より高く足を上げて野手に接触したり、接触しようとすれば、〝正しいスライディング〟とはならない。

　　走者が本項に違反したと審判員が判断した場合、走者と打者走者にアウトを宣告する。その走者がすでにアウトになっている場合については、守備側がプレイを試みようとしている走者にアウトが宣告される。

【注】　我が国では、所属する団体の規定に従う。

6.02　投手の反則行為

（a）　ボーク

　　　塁に走者がいるときは、次の場合ボークとなる。

（1）　投手板に触れている投手が、5.07（a）（1）および（2）項に定める投球動作に違反した場合。

【原注】　左投げ、右投げ、いずれの投手でも、自由な足を振って投手板の後縁を越えたら、打者へ投球しなければならない。ただし、二塁走者のピックオフプレイのために二塁へ送球することは許される。

（2）　投手板に触れている投手が、一塁または三塁に送球するまねだけして、実際に送球しなかった場合。

【注】　投手が投手板に触れているとき、走者のいる二塁へは、その塁の方向に直接ステップすれば偽投してもよいが、一塁または三塁と打者への偽投は許されない。投手が軸足を投手板の後方へ外せば、走者のいるどの塁へもステップしないで偽投してもよいが、打者にだけは許されない。

（3）　投手板に触れている投手が、塁に送球する前に、足を直接その塁の方向に踏み出さなかった場合。

【原注】　投手板に触れている投手は、塁に送球する前には直接その塁の方向に自由な足を踏み出すことが要求されている。投手が実際に踏み出さないで、自由な足の向きを変えたり、ちょっと上にあげて回したり、または踏み出す前に身体の向きを変えて送球した場合、ボークである。投手は、塁に送球する前に塁の方向へ直接踏み出さなければならず、踏み出したら送球しなければならない。（二塁については例外）

　　走者一・三塁のとき、投手が走者を三塁に戻すために三塁へ踏み出したが実際に送球

しなかったら（軸足は投手板に触れたまま）、ボークとなる。

（4） 投手板に触れている投手が、走者のいない塁へ送球したり、送球するまね
をした場合。

ただし、プレイの必要があればさしつかえない。

【原注】 投手が走者のいない塁へ送球したり、送球するまねをした場合、審判員は、そ
れが必要なプレイかどうかを、走者がその塁に進もうとしたか、あるいはその意図が見
られたかで判断する。

【問】 走者一塁のとき、走者のいない二塁に送球したり、または送球するまねをした
らボークか。
【答】 ボークである。しかし一塁走者が二塁に盗塁しようとしたのを防ぐ目的で、第
1動作で二塁の方向に正しく自由な足を踏み出せば、ボークにならない。なお投手
が投手板を正規に外せば、ステップをしないで送球してもかまわない。

（5） 投手が反則投球をした場合。

【原注】 クィックピッチは反則投球である。打者が打者席内でまだ十分な構えをしてい
ないときに投球された場合には、審判員は、その投球をクィックピッチと判定する。塁
に走者がいればボークとなり、いなければボールである。クィックピッチは危険なので
許してはならない。

（6） 投手が打者に正対しないうちに投球した場合。
（7） 投手が投手板に触れないで、投球に関連する動作をした場合。

【問】 走者一塁のとき、投手が投手板をまたいだままストレッチを始めたがボールを
落とした。ボークとなるか。

【答】　投手が投手板に触れないで、投球に関連する動作を起こしているからボークとなる。

（8）　投手が不必要に試合を遅延させた場合。

【原注】　本項は、6.02（c）（8）により警告が発せられたときは、適用されない。投手が遅延行為を繰り返して6.02（c）（8）により試合から除かれた場合には、あわせて本項のボークも課せられる。5.07（c）は、塁に走者がいないときだけ適用される。

（9）　投手がボールを持たないで、投手板に立つか、これをまたいで立つか、あるいは投手板を離れていて投球するまねをした場合。

（10）　投手が正規の投球姿勢をとった後、実際に投球するか、塁に送球する場合を除いて、ボールから一方の手を離した場合。

（11）　投手板に触れている投手が、故意であろうと偶然であろうと、ボールを落とした場合。

（12）　故意四球が企図されたときに、投手がキャッチャースボックスの外にいる捕手に投球した場合。

【注】　〝キャッチャースボックスの外にいる捕手〟とは、捕手がキャッチャースボックス内に両足を入れていないことをいう。したがって、故意四球が企図されたときに限って、ボールが投手の手を離れないうちに捕手が片足でもボックスの外に出しておれば、本項が適用される。

（13）　投手がセットポジションから投球するに際して、完全に静止しないで投球した場合。

ペナルティ　（a）項各規定によってボークが宣告されたときは、ボールデッドと

なり、各走者は、アウトにされるおそれなく、1個の塁が与えられる。

ただし、ボークにもかかわらず、打者が安打、失策、四球、死球、その他で一塁に達し、かつ、他のすべての走者が少なくとも1個の塁を進んだときには、このペナルティの前段を適用しないで、プレイはボークと関係なく続けられる。

【規則説明1】 投手がボークをして、しかも塁または本塁に悪送球（投球を含む）した場合、塁上の走者はボークによって与えられる塁よりもさらに余分の塁へアウトを賭して進塁してもよい。

【規則説明2】 （a）項ペナルティを適用するに際して、走者が進塁しようとする最初の塁を空過し、アピールによってアウトを宣告されても、1個の塁を進んだものと解する。

【注】 前掲〔規則説明1〕の〝悪送球〟には、投手の悪送球だけではなく、投手からの送球を止め損じた野手のミスプレイも含まれる。走者が、投手の悪送球または野手のミスプレイによって余塁が奪えそうな状態となり、ボークによって与えられる塁を越えて余分に進もうとしたときには、ボークと関係なくプレイは続けられる。

【6.02 a 原注】 ボークルールの目的は、投手が走者を意図的に騙そうとするのを防ぐためであることを、審判員は心に銘記しなくてはならない。もし、審判員の判断で投手の〝意図〟に疑いを抱いたら、審判員は厳重に規則を適用すべきである。

（b） 反則投球

塁に走者がいないときに、投手が反則投球をした場合には、その投球には、ボールが宣告される。ただし、打者が安打、失策、四球、死球、その他で一塁に達した場合は除く。

【原注】 投球動作中に、投手の手からとび出したボールがファウルラインを越えたとき

だけボールと宣告されるが、その他の場合は、投球とみなされない。塁に走者がいれ
ば、ボールが投手の手から落ちたときただちにボークとなる。

【注】　球審は、反則投球に対してボールを宣告したならば、それが反則投球によるも
　のであることを投手に指摘する。
　　なお、6.02（c）（6）に違反した場合には、6.02（d）を適用する。

（c）　投手の禁止事項
　　投手は次のことを禁じられる。
（1）　投手が投手板を囲む18㌢の円い場所の中で、投球する手を口または唇に
　　つけた後にボールに触れるか、投手板に触れているときに投球する手を口また
　　は唇につけること。
　　　投手は、ボールまたは投手板に触れる前に、投球する手の指をきれいに拭か
　　なければならない。

【例外】　天候が寒い日の試合開始前に、両チーム監督の同意があれば、審判員は、
　　投手が手に息を吹きかけることを認めることができる。
　ペナルティ　投手が本項に違反した場合には、球審はただちにボールを交換させ、
　　投手に警告を発する。投手がさらに違反した場合には、ボールを宣告する。そ
　　の宣告にもかかわらず、投手が投球して、打者が安打、失策、死球、その他で
　　一塁に達し、かつ走者が次塁に達するか、または元の塁にとどまっていた（次
　　塁に達するまでにアウトにならなかった）ときには、本項の違反とは関係なく
　　プレイは続けられる。なお、違反を繰り返した投手は、リーグ事務局から罰金
　　が科せられる。

（2）　ボール、投球する手またはグラブに唾液をつけること。
（3）　ボールをグラブ、身体、着衣で摩擦すること。
（4）　ボールに異物をつけること。

（5）　どんな方法であっても、ボールに傷をつけること。

（6）　（2）～（5）項で規定されている方法で傷つけたボール、いわゆるシャイン
　　　ボール、スピットボール、マッドボール、あるいはエメリーボールを投球する
　　　こと。
　　　　ただし、投手は素手でボールを摩擦することは許される。

【注】　シャインボール──ボールを摩擦してすべすべにしたもの。
　　　スピットボール──ボールに唾液を塗ったもの。
　　　マッドボール──ボールに泥をなすりつけたもの。
　　　エメリーボール──ボールをサンドペーパーでザラザラにしたもの。
　　　なお、ボールに息を吹きかけることも禁じられている。

（7）　投手がいかなる異物でも、身体につけたり、所持すること。

【原注】　投手は、いずれの手、指または手首に何もつけてはならない（たとえば救急ばん
そうこう、テープ、瞬間接着剤、ブレスレットなど）。審判員が異物と判断するかし
ないか、いずれの場合も、手、指または手首に何かをつけて投球することを許してはな
らない。

【注】　我が国では、本項〔原注〕については、所属する団体の規定に従う。

（8）　打者がバッタースボックスにいるときに、捕手以外の野手に送球して、故
　　　意に試合を遅延させること。ただし、走者をアウトにしようと企てる場合は除
　　　く。
ペナルティ　審判員は1度警告を発し、しかもなお、このような遅延行為が繰り
　　　返されたときには、その投手を試合から除く。

【注1】　投手が捕手のサインを投手板から離れて受けるので、しばしば試合を遅延さ

せている。これは悪い習慣であるから、監督およびコーチはこれを是正するように
努めなければならない。

【注2】　アマチュア野球では、本項ペナルティの後段を適用せず、このような遅延行
為が繰り返されたときは、ボールを宣告する。

（9）　打者を狙って投球すること。このような反則行為が起きたと審判員が判断
　　したときには、審判員は次のうちのいずれかを選ぶことができる。
　　（A）その投手またはその投手とそのチームの監督とを試合から除く。
　　（B）その投手と両チームの監督に、再びこのような投球が行なわれたら、そ
　　　の投手（またはその投手の後に出場した投手）と監督を退場させる旨の警告
　　　を発する。

　　　審判員は、反則行為が起きそうな状況であると判断したときには、試合開始
　　前、あるいは試合中を問わず、いつでも両チームに警告を発することができる。
　　　リーグ事務局は、8.04に規定された権限によって、制裁を加えることがで
　　きる。

【原注】　チームのメンバーは、本項によって発せられた警告に対し抗議したり、不満を
述べたりするためにグラウンドに出てくることはできない。もし監督、コーチまたはプ
レーヤーが抗議のためにダッグアウトまたは自分の場所を離れれば、警告が発せられ
る。警告にもかかわらず本塁に近づけば、試合から除かれる。
　　打者を狙って投球することは、非スポーツマン的である。特に頭を狙って投球するこ
とは、非常に危険であり、この行為は許されるべきではない。審判員はちゅうちょな
く、本項を厳格に適用しなければならない。

（d）ペナルティ　　投手が（c）項（2）〜（7）に違反した場合、球審は次のような処
　　置をしなければならない。
　　（1）　投手はただちに試合から除かれ、自動的に出場停止となる。マイナーリー

グでは、自動的に10試合の出場停止となる。

（2） 球審が違反を宣告したにもかかわらずプレイが続けられたときには、攻撃側の監督は、そのプレイが終わってからただちにそのプレイを生かす旨、球審に通告することができる。ただし、打者が安打、失策、四球、死球、その他で一塁に達し、しかも他の全走者が次塁に達するか、元の塁にとどまっていた（次塁に達するまでにアウトにならなかった）ときには、反則とは関係なくプレイは続けられる。

（3） （2）項の場合でも、投手の反則行為は消滅せず、（1）項のペナルティは適用される。

（4） 攻撃側の監督がそのプレイを生かすことを選択しなかった場合は、球審は走者がいなければボールを宣告し、走者がいればボークとなる。

（5） 投手が各項に違反したかどうかについては、審判員が唯一の決定者である。

【6.02 d 原注1】 投手が（ｃ）項（2）または（3）に違反しても、その投球を変化させる意図はなかったと球審が判断した場合は、本項のペナルティを適用せずに警告を発することができる。しかし、投手が違反を繰り返せば、球審はその投手にペナルティを科さなければならない。

【6.02 d 原注2】 ロジンバッグにボールが触れたときは、どんなときでも、ボールインプレイである。

　　雨天の場合または競技場が湿っている場合には、審判員は投手にロジンバッグを腰のポケットに入れるよう指示する。（1個のロジンバッグを交互に使用させる）

　　投手はこのロジンバッグを用いて、素手にロジンをつけることを許されるが、投手、野手を問わず、プレーヤーは、ロジンバッグで、ボールまたはグラブにロジンをふりかけたり、またはユニフォームのどの部分にも、これをふりかけることは許されない。

【注】 アマチュア野球では、本項のペナルティを適用せず、1度警告を発した後、なおこのような行為が継続されたときには、その投手を試合から除く。

6.03　打者の反則行為

（a）　打者の反則行為によるアウト

　　次の場合、打者は反則行為でアウトになる。

（1）　打者が片足または両足を完全にバッタースボックスの外に置いて打った場合。

【原注】　本項は、打者が打者席の外に出てバットにボールを当てた（フェアかファウルを問わない）とき、アウトを宣告されることを述べている。球審は、故意四球が企てられているとき、投球を打とうとする打者の足の位置に特に注意を払わなければならない。打者は打者席から跳び出したり、踏み出して投球を打つことは許されない。

（2）　投手が投球姿勢にはいったとき、打者が一方のバッタースボックスから他方のバッタースボックスに移った場合。

【注】　投手が投手板に触れて捕手からのサインを見ているとき、打者が一方から他方のバッタースボックスに移った場合、本項を適用して打者をアウトとする。

（3）　打者がバッタースボックスの外に出るか、あるいはなんらかの動作によって、本塁での捕手のプレイおよび捕手の守備または送球を妨害した場合。

【注1】　打者が空振りしなかったとき、投手の投球を捕手がそらし、そのボールがバッタースボックス内にいる打者の所持するバットに触れた際はボールインプレイである。

【注2】　本項は、捕手以外の野手の本塁でのプレイを打者が妨害した場合も含む。

　　打者に妨害行為があっても、走者を現実にアウトにすることができたときには、打者をそのままとして、その走者のアウトを認め、妨害と関係なくプレイは続けられる。しかしアウトの機会はあっても、野手の失策で走者を生かした場合には、現実にアウトが成立していないから、本項を適用して打者をアウトにする。

　　なお、捕手からの送球によってランダウンプレイが始まろうとしたら、審判員はた

だちに〝タイム〟を宣告して打者を妨害によるアウトにし、走者を元の塁に戻す。

（4）　走者がいるとき、または投球が第3ストライクのとき、打者がフェア地域
　　またはファウル地域にバットを投げて、投球を受けようとしていた捕手（また
　　はミット）に当たった場合。

【6.03 a 3・4 例外】　進塁しようとしていた走者がアウトになった場合、および
　得点しようとした走者が打者の妨害によってアウトの宣告を受けた場合は、打
　者はアウトにはならない。

【6.03 a 3・4 原注】　打者が捕手を妨害したとき、球審は妨害を宣告しなければならな
　い。打者はアウトになり、ボールデッドとなる。妨害があったとき、走者は進塁でき
　ず、妨害発生の瞬間に占有していたと審判員が判断した塁に帰らなければならない。し
　かし、妨害されながらも捕手がプレイをして、アウトにしようとした走者がアウトにな
　った場合には、現実には妨害がなかったものと考えられるべきで、その走者がアウトと
　なり、打者はアウトにはならない。その際、他の走者は、走者がアウトにされたら妨害
　はなかったものとするという規則によって、進塁も可能である。このような場合、規則
　違反が宣告されなかったようにプレイは続けられる。
　　打者が空振りし、スイングの余勢で、その所持するバットが、捕手または投球に当た
　り、審判員が故意ではないと判断した場合は、打者の妨害とはしないが、ボールデッド
　として走者の進塁を許さない。打者については、第1ストライク、第2ストライクにあ
　たるときは、ただストライクを宣告し、第3ストライクにあたるときに打者をアウトに
　する。（2ストライク後の〝ファウルチップ〟も含む）

（5）　打者が、いかなる方法であろうとも、ボールの飛距離を伸ばしたり、異常
　　な反発力を生じさせるように改造、加工したと審判員が判断するバットを使用
　　したり、使用しようとした場合。
　　　このようなバットには、詰めものをしたり、表面を平らにしたり、釘を打ち
　　つけたり、中をうつろにしたり、溝をつけたり、パラフィン、ワックスなどで

おおって、ボールの飛距離を伸ばしたり、異常な反発力を生じさせるようにしたものが含まれる。

打者がこのようなバットを使用したために起きた進塁は認められない（バットの使用に起因しない進塁、たとえば盗塁、ボーク、暴投、捕逸を除く）が、アウトは認められる。

打者はアウトを宣告され、試合から除かれ、後日リーグ事務局によってペナルティが科せられる。

【原注】　打者がこのようなバットを持ってバッタースボックスに入れば、打者は規則違反のバットを使用した、あるいは使用しようとしたとみなされる。

【注】　アマチュア野球では、このようなバットを使用した場合、打者にはアウトを宣告するにとどめる。

（b）　打順の誤り

（1）　打順表に記載されている打者が、その番のときに打たないで、番でない打者（不正位打者）が打撃を完了した（走者となるか、アウトとなった）後、相手方がこの誤りを発見してアピールすれば、正位打者はアウトを宣告される。

（2）　不正位打者の打撃完了前ならば、正位打者は、不正位打者の得たストライクおよびボールのカウントを受け継いで、これに代わって打撃につくことはさしつかえない。

（3）　不正位打者が打撃を完了したときに、守備側チームが〝投手の投球〟前に球審にアピールすれば、球審は、

（A）　正位打者にアウトを宣告する。

（B）　不正位打者の打球によるものか、または不正位打者が安打、失策、四球、死球、その他で一塁に進んだことに起因した、すべての進塁および得点を無効とする。

【注1】 (3)(5)(7)項でいう〝投手の投球〟とは、投手が次に面した打者(いずれ
　　のチームの打者かを問わない)へ1球を投じた場合はもちろん、たとえ投球しなく
　　てもその前にプレイをしたりプレイを企てた場合も含まれる。
　　　ただし、アピールのための送球などは、ここでいう〝プレイ〟に含まれない。
【注2】 不正位打者の打球によるものか、不正位打者が一塁に進んだことに起因した、
　　すべての進塁および得点を無効とするとあるが、進塁だけに限らず、不正位打者の
　　打撃行為によるすべてのプレイを無効とする。すなわち、不正位打者の二ゴロで一
　　塁走者が二塁でフォースアウトにされた後、アピールによって正位打者がアウトの
　　宣告を受ければ、一塁走者のフォースアウトは取り消される。

(4) 走者が、不正位打者の打撃中に盗塁、ボーク、暴投、捕逸などで進塁する
　　ことは、正規の進塁とみなされる。
(5) 不正位打者が打撃を完了した後、〝投手の投球〟前にアピールがなかった
　　場合には、不正位打者は正位打者として認められ、試合はそのまま続けられる。
(6) 正位打者が、打撃順の誤りを発見されてアウトの宣告を受けた場合には、
　　その正位打者の次の打順の打者が正規の次打者となる。
(7) 不正位打者が〝投手の投球〟前にアピールがなかったために、正位打者と
　　認められた場合には、この正位化された不正位打者の次に位する打者が正規の
　　次打者となる。不正位打者の打撃行為が正当化されれば、ただちに、打順はそ
　　の正位化された不正位打者の次の打者に回ってくる。

【6.03 b 原注】 審判員は、不正位打者がバッタースボックスに立っても、何人にも注意
　　を喚起してはならない。各チームの監督、プレーヤーの不断の注意があって、初めて本
　　項の適用が可能となる。

【規則説明】 打順を次のように仮定して、打順の誤りによって生じる種々の状態
　　を例証する。

```
打順……  1  2  3  4  5  6  7  8  9
打者……  A  B  C  D  E  F  G  H  I
```

【例題1】　Aの打順にBがバッターズボックスに入って、投球カウントが2—1となったとき、

（a）　攻撃側が打順の誤りに気付いた。

（b）　守備側はアピールした。

【解答】　どちらの場合も、Aはカウント2—1を受け継いでBと代わる。この際アウトはない。

【例題2】　Aの打順にBが打ち、二塁打を放った。この場合、

（a）　守備側はただちにアピールした。

（b）　守備側はCに1球が投じられた後、アピールした。

【解答】　（a）　正位打者Aはアウトの宣告を受け、Bが正規の次打者となる。

（b）　Bはそのまま二塁にとどまり、Cが正規の次打者となる。

【例題3】　A、Bともに四球、Cはゴロを打ってBをフォースアウトとして、Aを三塁へ進めた後、Dの打順にEがバッターズボックスに入った。その打撃中に暴投があって、Aは得点し、Cは二塁へ進んだ。Eがゴロを打ってアウトとなり、Cを三塁に進めた。この場合、

（a）　守備側はただちにアピールした。

（b）　守備側は、次にバッターズボックスに入ったDへの1球が投じられた後、アピールした。

【解答】　（a）　正位打者Dがアウトの宣告を受け、Eの打撃行為のために三塁に進んだCは二塁へ戻されるが、暴投によるAの得点およびCの二塁への進塁は、Eの打撃行為とは関係なく行なわれた進塁だから有効となる。Eは次打者となって再び打たなければならない。

（b）　Aの得点は認められ、Cは三塁にとどまる。正位化したEの次のFが正規の次打者となる。

【例題4】　2アウト満塁で、Fの打順にHが出て三塁打し、全走者を得点させた。

この場合、

（a） 守備側はただちにアピールした。

（b） 守備側はGに1球が投じられた後、アピールした。

【解答】 （a） 正位のFはアウトの宣告を受け、得点は全部認められない。Gが次回の第1打者となる。

（b） Hは三塁にとどまり、3点が記録される。Iが正規の次打者となる。

【例題5】 2アウト満塁で、Fの打順にHが出て三塁打し、全走者を得点させ3点を記録し、続いてバッタースボックスに入ったGへの1球が投じられた後、

（a） Hは三塁で投手の送球によりアウトになり、攻守交代となった。

（b） Gが飛球を打ってアウトとなり攻守交代したが、アピールがなく、相手チームが攻撃に移った。

この二つの場合では誰が次回の第1打者となるか。

【解答】 （a） Iである。Gへの1球が投じられたのでHの三塁打は正当化され、Iが正規の次打者となる。

（b） Hである。相手チームの第1打者への1球が投じられるまでにアピールがなかったので、Gの打撃行為は正当化されるから、Hが正規の次打者となる。

【例題6】 Aの打順にDが出て四球を得た後、Aがバッタースボックスについて、1球が投じられた。その際、Aへの投球前にアピールがあれば、正位打者のAがアウトの宣告を受けて、Dの四球は取り消され、Bが正規の次打者となるが、すでにAに1球が投じられたために、Dの四球は正当化され、Eが正規の次打者となる。ところが、不正位のAはそのまま打撃を続けてフライアウトとなり、Bがバッタースボックスについてしまった。この際も、Bに1球が投じられるまでにアピールがあれば、正位打者のEがアウトの宣告を受けて、Fが正規の次打者となるはずだが、またしてもアピールがなく、Bに1球が投じられたので、こんどはAの打撃行為が正当化されて、Bが正規の次打者となった。そのBが四球を得てDを二塁へ進め、次打者のCは飛球を打ってアウトとなった。

　　Dが正規の次打者であるはずだが、二塁走者となっている。この際、だれが正
　　規の次打者となるか。
　【解答】　Dは打順を誤っているが、すでに正当化され、しかも塁上にいるから、
　　　　　Dを抜かして、Eを正規の次打者とする。

6.04　競技中のプレーヤーの禁止事項

（a）　監督、プレーヤー、控えのプレーヤー、コーチ、トレーナーおよびバットボー
　　イは、どんなときでも、ベンチ、コーチスボックス、その他競技場のどの場所
　　からも、次のことをしてはならない。
　（1）　言葉、サインを用いて、観衆を騒ぎたたせるようにあおったり、あおろう
　　　　とすること。
　（2）　どんな方法であろうとも、相手チームのプレーヤー、審判員または観衆に
　　　　対して、悪口をいったりまたは暴言を吐くこと。
　（3）　ボールインプレイのときに〝タイム〟と叫ぶか、他の言葉または動作で明
　　　　らかに投手にボークを行なわせようと企てること。
　（4）　どんな形であろうとも、審判員に故意に接触すること。（審判員の身体に
　　　　触れることはもちろん、審判員に話しかけたり、なれなれしい態度をとるこ
　　　　と）
（b）　ユニフォーム着用者は、次のことが禁じられる。
　（1）　プレーヤーが、試合前、試合中、または試合終了後を問わず、観衆に話し
　　　　かけたり、席を同じくしたり、スタンドに座ること。
　（2）　監督、コーチまたはプレーヤーが、試合前、試合中を問わず、いかなると
　　　　きでも観衆に話しかけたり、または相手チームのプレーヤーと親睦的態度をと
　　　　ること。

　　【注】　アマチュア野球では、次の試合に出場するプレーヤーがスタンドで観戦するこ

とを特に許す場合もある。

（c）　野手は、打者の目のつくところに位置して、スポーツ精神に反する意図で故意に打者を惑わしてはならない。

　　ペナルティ　審判員は反則者を試合から除き、競技場から退かせる。なお投手がボークをしても無効とする。

（d）　監督、プレーヤー、コーチまたはトレーナーは、試合から除かれた場合、ただちに競技場を去り、以後その試合にたずさわってはならない。

　　試合から除かれた者はクラブハウス内にとどまっているか、ユニフォームを脱いで野球場構内から去るか、あるいはスタンドに座る場合には、自チームのベンチまたはブルペンから離れたところに席をとらなければならない。

　　【原注】　出場停止処分中の監督、コーチ、プレーヤーは、ユニフォームを着てクラブの試合前の練習に参加することはかまわないが、試合中は、ユニフォームを着ることはできず、プレーヤーが試合にたずさわる場所から離れていなければならない。また、出場停止中の者は試合中、新聞記者席や放送室の中に入ることはできないが、スタンドから試合を見ることは許される。

（e）　ベンチにいる者が、審判員の判定に対して激しい不満の態度を示した場合は、審判員は、まず警告を発し、この警告にもかかわらず、このような行為が継続された場合には、次のペナルティを適用する。

　　ペナルティ　審判員は、反則者にベンチを退いてクラブハウスに行くことを命じる。もし、審判員が反則者を指摘することができなければ、控えのプレーヤーを全部ベンチから去らせる。しかし、この場合そのチームの監督には、試合に出場しているプレーヤーと代えるために必要な者だけを競技場に呼び戻す特典が与えられる。

7.00　試合の終了

7.01　正　式　試　合

（a）　正式試合は、通常9イニングから成るが、次の例外がある。

　　すなわち同点のために試合が延長された場合、あるいは試合が次の理由によって短縮された場合──

（1）　ホームチームが9回裏の攻撃の全部、または一部を必要としない場合。

（2）　球審がコールドゲームを宣告した場合。

【例外】　マイナーリーグは、ダブルヘッダーのうちの1試合またはその2試合を7回に短縮する規定を採用することが許される。

　　この際、本規則で9回とあるのを7回と置きかえるほかは、すべて本規則に従うべきである。

（b）　延長回

（1）　両チームが9回の攻撃を完了してなお得点が等しいときは、さらに回数を重ねていき、

　（A）　延長回の表裏を終わって、ビジティングチームの得点がホームチームの得点より多い場合

　（B）　ホームチームが延長回の裏の攻撃中に決勝点を記録した場合

　に試合は終了する。

（2）《新》9回が完了した後、10回以降は、走者二塁から、次のとおり始めることとする。

　（A）　10回以降の延長回の先頭打者（またはその打者の代打者）は、前の回からの継続打順とする。

　（B）　延長回における二塁走者は、その回の先頭打者の前の打順のプレーヤー（またはそのプレーヤーの代走者）とする。

　　たとえば、10回の先頭打者が5番打者であれば、4番打者（またはその
　代走者）が二塁走者となる。ただし、先頭打者の前の打順のプレーヤーが投
　手であれば、その投手の前の打順のプレーヤーが代わりに二塁走者を務める
　ことができる。
　　交代して退いた打者および走者は、規則5.10により、再び試合に出場す
　ることはできない。
（C）　投手の自責点を規則9.16により決定するために、延長回を開始すると
　きの二塁走者は守備の失策により二塁に到達したようにみなされるが、チー
　ムまたはプレーヤーに失策は記録されない。公式記録員は、延長回における
　打者および二塁走者についても、規則9.02により記録をする。
（D）　延長回が始まるたびに、球審は二塁走者が適正であるかを確かめるため、
　攻撃側チームの打順表を確認する。もし、その走者が適正でなければ、球審
　はただちに攻撃側チームの監督に知らせて、適正な二塁走者にさせる必要が
　ある。また、プレイが開始された後に、審判員またはいずれかの監督が、走
　者が適正でないことに気付けば、その走者は適正な走者と入れ替わらなけれ
　ばならず、打順の誤りに起因したことにより、プレイを無効としない限りは、
　すべてのプレイは正規なものとなる。得点する前後に関係なく、適正でない
　走者に対するペナルティはない。

【注】《新》我が国では、所属する団体の規定に従う。

（c）　球審によって打ち切りを命じられた試合（コールドゲーム）が次に該当する
　場合、正式試合となる。
（1）　5回の表裏を完了した後に、打ち切りを命じられた試合。（両チームの得
　点の数には関係がない）
（2）　5回表を終わった際、または5回裏の途中で打ち切りを命じられた試合で、
　ホームチームの得点がビジティングチームの得点より多いとき。

（3）　5回裏の攻撃中にホームチームが得点して、ビジティングチームの得点と
　　　　等しくなっているときに打ち切りを命じられた試合。
（d）　正式試合が両チームの得点が等しいまま終了した場合、その試合はサスペン
　　　デッドゲームとなる。7.02参照。

　　【注】　我が国では、所属する団体の規定に従う。

（e）　正式試合となる前に、球審が試合の打ち切りを命じた場合には、〝ノーゲー
　　　ム〟を宣告しなければならない（7.02（a）（3）～（5）に従い、サスペンデッド
　　　ゲームが宣告される場合を除く）。異常事態によって試合を打ち切らなければな
　　　らない場合には、リーグ事務局の判断でサスペンデッドゲームとする。
（f）　正式試合または本条（c）項に規定された時点まで進行したサスペンデッドゲ
　　　ームには、雨天引換券を発行しない。
（g）　正式試合においては、試合終了時の両チームの総得点をもって、その試合の
　　　勝敗を決する。
　　（1）　ビジティングチームが9回表の攻撃を終わったとき、ホームチームの得点
　　　　　が相手より多いときには、ホームチームの勝ちとなる。
　　（2）　両チームが9回の攻守を終わったとき、ビジティングチームの得点が相手
　　　　　より多いときにはビジティングチームの勝ちとなる。
　　（3）　ホームチームの9回裏または延長回の裏の攻撃中に、勝ち越し点にあたる
　　　　　走者が得点すれば、そのときに試合は終了して、ホームチームの勝ちとなる。

　　【例外】　試合の最終回の裏、打者がプレイングフィールドの外へ本塁打を打った
　　　　場合、打者および塁上の各走者は、正規に各塁に触れれば得点として認められ、
　　　　打者が本塁に触れたときに試合は終了し、打者および走者のあげた得点を加え
　　　　て、ホームチームの勝ちとなる。
　　【規則説明】　9回の裏または延長回の裏に、プレイングフィールドの外へ本塁打

を打った打者が、前位の走者に先んじたためにアウトになった場合は、塁上の全走者が得点するまで待たないで、勝ち越し点にあたる走者が得点したときに試合は終了する。ただし、2アウトの場合で、走者が前位の走者に先んじたときに勝ち越し点にあたる走者が本塁に達していなければ、試合は終了せず、追い越すまでの得点だけが認められる。

【注】　9回の裏または延長回の裏、0アウトまたは1アウトで、打者がプレイングフィールドの外へ本塁打を打ったときに、ある走者が前位の走者に先んじたためにアウトになった場合は、打者に本塁打が認められ、試合は打者が本塁に触れたときに終了する。

（4）　7.02（a）によりサスペンデッドゲームにならない限り、コールドゲームは、球審が打ち切りを命じたときに終了し、その勝敗はその際の両チームの総得点により決する。

【注】　我が国では、正式試合となった後のある回の途中で球審がコールドゲームを宣したとき、次に該当する場合は、サスペンデッドゲームとしないで、両チームが完了した最終均等回の総得点でその試合の勝敗を決することとする。
　①　ビジティングチームがその回の表で得点してホームチームの得点と等しくなったが、表の攻撃が終わらないうち、または裏の攻撃が始まらないうち、あるいは裏の攻撃が始まってもホームチームが得点しないうちにコールドゲームが宣せられた場合。
　②　ビジティングチームがその回の表でリードを奪う得点を記録したが、表の攻撃が終わらないうち、または裏の攻撃が始まらないうち、あるいは裏の攻撃が始まってもホームチームが同点またはリードを奪い返す得点を記録しないうちにコールドゲームが宣せられた場合。

7.02　サスペンデッドゲーム（一時停止試合）
（a）　試合が、次の理由のどれかによって打ち切られた場合、後日これを完了する

ことを条件としたサスペンデッドゲームとなる。

（1） 法律による娯楽制限。

（2） リーグ規約による時間制限。

（3） 照明の故障、またはホームクラブが管理している競技場の機械的な装置（たとえば開閉式屋根、自動キャンバス被覆装置などの排水設備）の故障（オペレーターの過失を含む）。

（4） 暗くなったのに、法律によって照明の使用が許されていないため、試合続行が不可能となった場合。

（5） 天候状態のために、正式試合となる前に打ち切りを命じられた場合、または正式試合のある回の途中でコールドゲームが宣せられた試合で、打ち切られた回の表にビジティングチームがリードを奪う得点を記録したが、ホームチームがリードを奪い返すことができなかった場合。

（6） 正式試合として成立した後に、同点で打ち切られた場合。

リーグ事務局による指示がない限りは、本項の（1）（2）（6）によって終了となった試合については、7.01（c）の規定による正式な試合となりうる回数が行なわれていない限りこれをサスペンデッドゲームとすることはできない。

本項の（3）〜（5）の理由で打ち切りが命じられたときは、行なわれた回数には関係なく、これをサスペンデッドゲームとすることができる。

（b） 一時停止試合を再開して、これを完了するには、次の要項に従う。

（1） その球場での両クラブ間の日程の、次のシングルゲームに先立って行なう。

（2） その球場での両クラブ間の日程に、ダブルヘッダーしか残っていない場合には、その最初のダブルヘッダーに先立って行なう。

（3） その都市での両クラブ間の日程の最終日に停止された場合には、都市を移して、相手クラブの球場で、なるべく、

（A） 両クラブ間の日程の、次のシングルゲームに先立って行なう。

（B） 両クラブ間の日程にダブルヘッダーしか残っていない場合には、その最

初のダブルヘッダーに先立って行なう。

（4）　両クラブ間の最終試合までに一時停止試合が完了していなかった場合は、次のとおりコールドゲームとなる。その試合が、

　　（A）　正式試合となる回数が行なわれており、かついずれかのチームがリードしている場合は、リードしているチームの勝ちが宣告される。（ビジティングチームがある回の表にリードを奪う得点を記録したが、その回の裏にホームチームがリードを奪い返す得点を記録しないうちにコールドゲームが宣せられた場合は除く。この場合は、両チームが完了した最終均等回の総得点で勝敗を決する）

　　（B）　正式試合となる回数が行なわれており、かつ同点の場合は、〝タイゲーム〟が宣告される。（ビジティングチームがある回の表に得点を記録してホームチームの得点と等しくなったが、その回の裏にホームチームが得点を記録しないうちにコールドゲームが宣せられた場合は除く。この場合は、両チームが完了した最終均等回の総得点で勝敗を決する。）この場合は、リーグ優勝に影響しないという理由で再試合の必要がないとリーグ事務局が判断しない限り、開始からやり直さなければならない。

　　（C）　正式試合となる回数が行なわれていなかった場合は、〝ノーゲーム〟が宣告される。この場合は、リーグ優勝に影響しないという理由で再試合の必要がないとリーグ事務局が判断しない限り、開始からやり直さなければならない。

（c）　続行試合は、元の試合の停止された個所から再開しなければならない。すなわち、停止試合を完了させるということは、一時停止された試合を継続して行なうことを意味するものであるから、両チームの出場者と打撃順は、停止されたときと全く同一にしなければならないが、規則によって認められる交代は、もちろん可能である。したがって、停止試合に出場しなかったプレーヤーならば、続行試合に代わって出場することができるが、停止試合にいったん出場して他のプレーヤーと代わって退いたプレーヤーは、続行試合には出場することはできない。

停止された試合のメンバーとして登録されていなかったプレーヤーでも、続行試合のメンバーとして登録されれば、その試合には出場できる。さらに、続行試合の出場資格を失ったプレーヤー（停止試合に出場し、他のプレーヤーと代わって退いたため）の登録が抹消されて、その代わりとして登録された者でも、続行試合には出場できる。

【原注】　交代して出場すると発表された投手が、そのときの打者（代打者を含む）がアウトになるか一塁に達するか、あるいは攻守交代となるまで投球しないうちに、サスペンデッドゲームとなった場合、その投手は続行試合の先発投手として出場してもよいし、出場しなくてもよい。しかし、続行試合に出場しなかった場合には、他のプレーヤーと交代したものとみなされて、以後その試合に出場することはできない。

【注】　我が国では、サスペンデッドゲームについては、所属する団体の規定に従う。

7.03　フォーフィッテッドゲーム（没収試合）

（a）　一方のチームが次のことを行なった場合には、フォーフィッテッドゲームとして相手チームに勝ちが与えられる。

（1）　球審が試合開始時刻にプレイを宣告してから、5分を経過してもなお競技場に出ないか、あるいは競技場に出ても試合を行なうことを拒否した場合。
　　　　ただし、遅延が不可避であると球審が認めた場合は、この限りではない。

（2）　試合を長引かせ、または短くするために、明らかに策を用いた場合。

（3）　球審が一時停止または試合の打ち切りを宣告しないにもかかわらず、試合の続行を拒否した場合。

（4）　一時停止された試合を再開するために、球審がプレイを宣告してから、1分以内に競技を再開しなかった場合。

（5）　審判員が警告を発したにもかかわらず、故意に、また執拗に反則行為を繰り返した場合。

（6）　審判員の命令で試合から除かれたプレーヤーを、適宜な時間内に、退場さ

せなかった場合。

（7）　ダブルヘッダーの第2試合の際、第1試合終了後30分以内に、競技場に現れなかった場合。

ただし、第1試合の球審が第2試合開始までの時間を延長した場合は、この限りではない。

（b）　一方のチームが競技場に9人のプレーヤーを位置させることができなくなるか、またはこれを拒否した場合、その試合はフォーフィッテッドゲームとなって相手チームの勝ちとなる。

（c）　球審が、試合を一時停止した後、その再開に必要な準備を球場管理人^{グラウンドキーパー}に命じたにもかかわらず、その命令が意図的に履行されなかったために、試合再開に支障をきたした場合は、その試合はフォーフィッテッドゲームとなり、ビジティングチームの勝ちとなる。

　　【注】　アマチュア野球では、本項を適用しない。

（d）　球審がフォーフィッテッドゲームを宣告したときは、宣告後24時間以内に、その旨を書面でリーグ事務局に報告しなければならない。

ただし、球審がこの報告をしなかったからといって、フォーフィッテッドゲームであることに変わりはない。

7.04　提　　　訴

審判員の判断に基づく裁定についての異議であろうが、審判員の裁定が本規則に違反して決定したことに対する異議かにかかわらず、どのような提訴も許されない。

補　則　ボールデッドの際の走者の帰塁に関する処置（再録）

　　　ボールデッドとなって各走者が帰塁する場合、ボールデッドとなった原因によって、帰るべき塁の基準がおのおの異なるので、その基準をここに一括する。

（Ⅰ）　投手の投球当時に占有していた塁に帰らせる場合。

　（a）　ファウルボールが捕球されなかった場合。（5.06 c 5）

　（b）　打者が反則打球した場合。（5.06 c 4、6.03 a 1）

　（c）　投球が正規に位置している打者の身体または着衣に触れた場合。（5.06 c 1、5.09 a 6）

　（d）　0アウトまたは1アウトで、走者一塁、一・二塁、一・三塁または一・二・三塁のとき、内野手がフェアの飛球またはライナーを故意に落とした場合。（5.09 a 12）

　（e）　打球を守備しようとする野手を妨げた場合。

　　（1）　フェアボールが、内野手（投手を含む）に触れる前に打者走者に触れた場合。（5.09 a 7）

　　（2）　フェアボールが、内野手（投手を含む）に触れる前に、フェア地域で走者または審判員に触れた場合。または、フェアボールが、内野手（投手を除く）を通過する前に、フェア地域で審判員に触れた場合。（5.05 b 4、5.06 c 6、5.09 b 7、6.01 a 11）

　　（3）　打者が打つかバントしたフェアの打球に、フェア地域内でバットが再び当たった場合。（5.09 a 8）

　　（4）　打者または走者が打球を処理しようとしている野手の守備を妨げた場合。（5.09 b 3、6.01 a 6・7・10）

　　（5）　打者または走者が、まだファウルと決まらないままファウル地域を動いている打球の進路を、どんな方法であろうとも、故意に狂わせた場合。（5.09 a 9、6.01 a 2）

　　（6）　攻撃側プレーヤーまたはベースコーチが、必要に応じて自己の占めてい

る場所を譲らないで、打球を処理しようとしている野手を妨げて、守備妨害を宣告された場合。(5.09 a 15、6.01 b)

（ f ）　打者走者が、本塁から一塁へ走る際に、一塁への送球を受けようとしている野手の動作を妨げた場合。(5.09 a 11、定義44)──特に規定した場合を除く。

（ g ）　第3ストライクの宣告を受けただけでまだアウトになっていない打者走者、または四球の宣告を受けた打者走者が、捕手の守備を明らかに妨げた場合。(6.01 a 1)

（Ⅱ）　妨害発生の瞬間すでに占有していた塁に帰らせる場合。

（ a ）　投手の打者への投球に始まった守備を妨げた場合。

　（ 1 ）　球審が捕手の送球動作を妨げた場合。(5.06 c 2)

　（ 2 ）　打者が捕手の送球動作を妨げた場合。(6.03 a 3)

　（ 3 ）　0アウトまたは1アウトで、走者が得点しようとしたとき、打者が本塁における守備側のプレイを妨げた場合。(5.09 b 8、6.01 a 3)

　（ 4 ）　打者が空振りした後、スイングの余勢で、その所持するバットが捕手または投球に当たり、審判員が故意ではないと判断した場合。(6.03 a 3・4原注)

（ b ）　捕手またはその他の野手が、打者の打撃を妨害した場合。(5.05 b 3、6.01 c)

（ c ）　走者が故意に送球を妨げた場合。(5.09 b 3)

（ d ）　攻撃側チームのプレーヤーまたはベースコーチが、必要に応じて自己の占めている場所を譲らないで、送球を処理しようとしている野手を妨げたために、守備妨害でアウトを宣告された場合。(5.09 a 15、6.01 b)

（ e ）　内野手が守備する機会を失った打球（内野手に触れたかどうかを問わない）を走者が故意に蹴ったと審判員が認めた場合。(6.01 a 11 B)──ボールを蹴ったときを基準とする。

（ f ） アウトを宣告されたばかりの打者または走者、あるいは得点したばかりの
走者が、野手の次の行為を妨げた場合。(6.01 a 5)──次の行為に移ろうと
したときを基準とする。

（ g ） 1 人または 2 人以上の攻撃側メンバーが、走者が達しようとする塁に接近
して立つか、あるいはその塁の付近に集合して守備を妨害するか、惑乱させる
か、ことさらに守備を困難にした場合。(6.01 a 4)──その守備が起ころう
としたときを基準とする。

（Ⅲ） 走者三塁のとき、ベースコーチが自己のボックスを離れてなんらかの動作で
野手の送球を誘発した場合、またはベースコーチが意識的に送球を妨げた場合
(6.01 a 9、6.01 f) には、その送球がなされたときにすでに占有していた塁に
帰らせる。

8.00 審　判　員

8.01　審判員の資格と権限

（a）　リーグ事務局は、１名以上の審判員を指名して、各リーグの選手権試合を主宰させる。

　　　審判員は、本公認規則に基づいて、試合を主宰するとともに、試合中、競技場における規律と秩序とを維持する責にも任ずる。

（b）　各審判員は、リーグおよびプロフェッショナルベースボールの代表者であり、本規則を厳格に適用する権限を持つとともに、その責にも任ずる。審判員は、プレーヤー、コーチ、監督のみならず、クラブ役職員、従業員でも、本規則の施行上、必要があるときには、その所定の任務を行なわせ、支障のあるときには、その行動を差し控えさせることを命じる権限と、規則違反があれば、規定のペナルティを科す権限とを持つ。

（c）　審判員は、本規則に明確に規定されていない事項に関しては、自己の裁量に基づいて、裁定を下す権能が与えられている。

（d）　審判員は、プレーヤー、コーチ、監督または控えのプレーヤーが裁定に異議を唱えたり、スポーツマンらしくない言動をとった場合には、その出場資格を奪って、試合から除く権限を持つ。審判員がボールインプレイのときプレーヤーの出場資格を奪った場合には、そのプレイが終了して、初めてその効力が発生する。

（e）　審判員は、その判断において、必要とあれば、次の人々を競技場から退場させる権限を持つ。すなわち、

（1）　グラウンド整備員、案内人、写真班、新聞記者、放送局員などのように、仕事の性質上、競技場に入ることを許されている人々。

（2）　競技場に入ることを許されていない観衆またはその他の人々。

8.02　審判員の裁定

（a）　打球がフェアかファウルか、投球がストライクかボールか、あるいは走者が

アウトかセーフかという裁定に限らず、**審判員の判断に基づく裁定は最終のものであるから、プレーヤー、監督、コーチ、または控えのプレーヤーが、その裁定に対して、異議を唱えることは許されない。**

【原注】　ボール、ストライクの判定について異議を唱えるためにプレーヤーが守備位置または塁を離れたり、監督またはコーチがベンチまたはコーチスボックスを離れることは許されない。もし、宣告に異議を唱えるために本塁に向かってスタートすれば、警告が発せられる。警告にもかかわらず本塁に近づけば、試合から除かれる。

（b）　審判員の裁定が規則の適用を誤って下された疑いがあるときには、監督だけがその裁定を規則に基づく正しい裁定に訂正するように要請することができる。しかし、監督はこのような裁定を下した審判員に対してだけアピールする（規則適用の訂正を申し出る）ことが許される。

【注】　審判員が、規則に反した裁定を下したにもかかわらず、アピールもなく、定められた期間が過ぎてしまったあとでは、たとえ審判員が、その誤りに気付いても、その裁定を訂正することはできない。

（c）　審判員が、その裁定に対してアピールを受けた場合は、最終の裁定を下すにあたって、他の審判員の意見を求めることはできる。裁定を下した審判員から相談を受けた場合を除いて、審判員は、他の審判員の裁定に対して、批評を加えたり、変更を求めたり、異議を唱えたりすることは許されない。

　審判員が協議して先に下した裁定を変更する場合、審判員は、走者をどこまで進めるかを含め、すべての処置をする権限を有する。この審判員の裁定に、プレーヤー、監督またはコーチは異議を唱えることはできない。異議を唱えれば、試合から除かれる。

　投球カウントの誤りの訂正は、投手が次の打者へ1球を投じるまで、または、イニングや試合の最終打者の場合には守備側チームのすべての内野手がフェア地

域を離れるまでに行なわなければならない。

【原注1】　監督は、審判員にプレイおよび裁定を変更した理由について説明を求めることはできる。しかし、いったん審判員の説明を受ければ、審判員に異議を唱えることは許されない。

【原注2】　ハーフスイングの際、球審がストライクと宣告しなかったときだけ、監督または捕手は、振ったか否かについて、塁審のアドバイスを受けるよう球審に要請することができる。球審は、このような要請があれば、塁審にその裁定を一任しなければならない。

　　塁審は、球審からのリクエストがあれば、ただちに裁定を下す。このようにして下された塁審の裁定は最終のものである。

　　監督または捕手からの要請は、投手が打者へ次の1球を投じるまで、または、たとえ投球しなくてもその前にプレイをしたりプレイを企てるまでに行なわなければならない。イニングの表または裏が終わったときの要請は、守備側チームのすべての内野手がフェア地域を離れるまでに行なわなければならない。

　　ハーフスイングについて、監督または捕手が前記の要請を行なってもボールインプレイであり、塁審がストライクの裁定に変更する場合があるから、打者、走者、野手を問わず、状況の変化に対応できるよう常に注意していなければならない。

　　監督が、ハーフスイングに異議を唱えるためにダッグアウトから出て一塁または三塁に向かってスタートすれば警告が発せられる。警告にもかかわらず一塁または三塁に近づけば試合から除かれる。監督はハーフスイングに関して異議を唱えるためにダッグアウトを離れたつもりでも、ボール、ストライクの宣告について異議を唱えるためにダッグアウトを離れたことになるからである。

（d）　試合中、審判員の変更は認められない。ただし、病気または負傷のため、変更の必要が生じた場合はこの限りではない。

　　1人の審判員だけで試合を担当する場合には、その義務と権限は、競技場のあらゆる点、本規則のあらゆる条項に及び、その任務の遂行上、競技場内の最適と思われる場所に位置をとらなければならない。（通常は捕手の後方に、走者がいる場合は、ときとして投手の後方に位置をとる）

（ e ）　2人以上の審判員が試合を担当する場合は、1人はアンパイヤーインチーフ（球審）に、他はフィールドアンパイヤー（塁審）に指定されなければならない。

8.03　球審および塁審の任務

（ a ）　アンパイヤーインチーフ（通常球審と呼ばれている）は、捕手の後方に位置し、その任務は次のとおりである。

（ 1 ）　試合の適正な運行に関するすべての権限と義務とを持つ。

（ 2 ）　捕手の後方に位置し、ボールとストライクを宣告し、かつそれをカウントする。

（ 3 ）　通常塁審によって宣告される場合を除いて、フェアボールとファウルボールを宣告する。

（ 4 ）　打者に関するすべての裁定を下す。

（ 5 ）　通常塁審が行なうものとされているものを除いたすべての裁定を下す。

（ 6 ）　フォーフィッテッドゲームの裁定を下す。

（ 7 ）　特定の時刻に競技を打ち切ることが決められている場合には、試合開始前にその事実と終了時刻を公表する。

（ 8 ）　公式記録員に打撃順を知らせる。また出場プレーヤーに変更があれば、その変更を知らせる。

（ 9 ）　球審の判断で特別グラウンドルールを発表する。

（ b ）　フィールドアンパイヤーは、塁におけるとっさの裁定を下すのに最適と思われる位置を占め、その任務は次のとおりである。

（ 1 ）　特に球審が行なう場合を除く塁におけるすべての裁定を下す。

（ 2 ）　タイム、ボーク、反則投球またはプレーヤーによるボールの損傷、汚色の宣告について、球審と同等の権限を持つ。

（ 3 ）　この規則を施行するにあたって、あらゆる方法で球審を援助し、規則の施行と規律の維持については、球審と同等の権限を持つ。ただし、フォーフィッテッドゲームの宣告はできない。

（ｃ）　一つのプレイに対して、２人以上の審判員が裁定を下し、しかもその裁定が食い違っていた場合には、球審は審判員を集めて協議し（監督、プレーヤーをまじえず、審判員だけで）、その結果、通常球審（または、このような場合には球審に代わって解決にあたるようにリーグ事務局から選任された審判員）が、最適の位置から見たのはどの審判員であったか、またどの審判員の裁定が正しかったかなどを参酌して、どの裁定をとるかを決定する。

　このようにして、決定された裁定は最終のものであり、初めから一つの裁定が下された場合と同様に、試合は続行されなければならない。

8.04　審判員の報告義務

（ａ）　審判員は、すべての規則違反またはその他の報告しなければならない出来事を、試合終了後にリーグ事務局まで報告する義務がある。ただし、監督またはプレーヤーを退場させた試合には、その理由を付記することを必要とする。

（ｂ）　審判員がトレーナー、監督、コーチまたはプレーヤーを次の理由で退場させた場合には、審判員はその詳細をリーグ事務局に報告する義務がある。

　すなわち、これらの人々が、審判員、トレーナー、監督、コーチまたはプレーヤーに、野卑不作法な言を用いて黙過できない侮辱を加えたためか、暴力を働いたことが退場理由となった場合がそれである。

（ｃ）　リーグ事務局は、審判員から、監督、コーチ、トレーナー、プレーヤーを退場させた旨の報告を受けたならば、ただちに事務局の判断で適当と思われる制裁を科し、その旨を当事者ならびにその所属クラブに通告しなければならない。

　制裁金を科せられた当事者が、リーグ事務局にその総額を支払わなかった場合には、支払いが完了するまで、試合に出場することもベンチに座ることも禁止される。

審判員に対する一般指示

　審判員は、競技場においては、プレーヤーと私語を交わすことなく、またコーチスボックスの中に入ったり、任務中のコーチに話しかけるようなことをしてはならない。

　制服は常に清潔を保ち、しかも正しく着用し、競技場においては、積極的に機敏な動作をとらなければならない。

　クラブ役職員に対しては常に礼儀を重んずる必要はあるが、クラブ事務所を訪ねたり、特にあるクラブの役職員と親しくするようなことは避けなければならない。

　審判員が競技場に入れば、ただその試合の代表者として試合を審判することだけに専念しなければならない。

　試合中に悪い事態が起こった場合、その事態の解決を回避したという非難を受けるようなことがあってはならない。常に規則書を携行し、紛糾した問題を解決するにあたっては、たとえ10分間試合を停止することがあっても、よく規則書を調べ、その解決に万全を期して、その試合で不注意な規則適用の誤りをしないように努めなければならない。

　試合を停滞させてはならない。試合は、しばしば審判員の活気ある真剣な運びによって、より以上の効果をもたらすものである。

　審判員は、競技場における唯一の代表者であって、強い忍耐と、よりよい判断とを必要とするようなつらい立場におかれることがしばしば起こるが、悪い事態に対処するにあたっては、感情を棄てて自制することが、いちばん大切なことである。

　審判員は自己の決定について、誤りを犯しているのではないかと疑うようなことがあってはならないし、また、たとえ誤りを犯したとしても、埋め合わせをしようとしてはならない。すべて見たままに基づいて判定を下し、ホームチームとビジティングチームとに差別をつけるようなことがあってはならない。

　試合進行中はボールから目を離してはならない。走者が塁を踏んだかどうかを知ることも大切ではあるが、飛球の落ちた地点を見定めたり、送球の行方を最後まで見き

わめることがより重要なことである。プレイの判定を下すにあたっては、早まることなく、正確を期さなければならず、野手がダブルプレイをなしとげるために送球する場合にも、あまり早く向きを変えてはいけない。アウトを宣告した後、一応落球の有無を確かめる必要がある。

　走りながら〝セーフ〟〝アウト〟の宣告の動作をすることなく、そのプレイが終わるのを待って、宣告を下さなければならない。

　各審判員は簡単な1組のサインを用意しておく必要がある。これによって、自己のエラーを悟れば、その明らかに間違った決定を正すことができる。〝プレイを正しく見た〟という確信があれば、〝他の審判員に聞け〟というプレーヤーの要求に従う必要はない。確信がなければ、同僚の1人に聞くこともよいが、これもあまり度を越すようなことなく、機敏にプレイを十分に把握して審判しなければならない。しかしながら、正しい判定を下すことが第1の要諦であることを忘れてはならない。疑念のあるときは、ちゅうちょせず同僚と協議しなければならない。審判員が威厳を保つことはもちろん大切であるが、〝正確である〟ということがより重要なことである。

　審判員にとって最も大切な掟は、〝あらゆるプレイについて最もよい位置をとれ〟ということである。

　たとえ判定が完璧であっても、審判員の位置が、そのプレイをはっきりと明確に見ることができる地点でなかったとプレーヤーが感じたときは、しばしば、その判定に異議を唱えるものである。

　最後に、審判員は礼儀を重んじ、しかも公平にして厳格でなければならない。そうすれば、すべての人々から尊敬される。

記録に関する規則目次

9.00　記録に関する規則

9.01　公式記録員

（a）　メジャーリーグではコミッショナー事務局、マイナーリーグでは各リーグ事務局が、各リーグの選手権試合、ポストシーズンゲームあるいはオールスターゲームのために公式記録員（以下「記録員」）を任命する。

　　記録員は、ホームチームにより割り当てられた新聞記者席内の所定の位置で試合の記録をとり、記録に関する規則の適用に関して、たとえば打者が一塁に生きた場合、それが安打によるものか、失策によるものかなどを、独自の判断で決定する権限を持つ。

　　記録員は、その決定を手で合図するか、記者席用拡声器によって記者席および放送室に伝達し、また要求があれば、そのような決定事項について場内放送員に助言を与える。

　　クラブ職員およびプレーヤーを含むすべての人は、その決定について記録員に異議を唱えることはできない。

　　記録員は、あらゆる記録を決定しなければならない。記録員の判断を要することが起きたとき、記録員は、プレイの進行に沿って次の打者が打席に入るまでに記録を決定するように最善の努力をする。記録員は、その裁量で、試合終了後あるいはサスペンデッドゲーム宣告後24時間以内に、当初の決定を最終の決定とするか、変更するかを決定する。

　　メジャーリーグのプレーヤーまたはクラブは、試合終了後あるいは決定の変更後72時間以内に、書面または認められた電子的手段によってコミッショナー事務局へ通知して、運営部門責任者に記録員の決定を見直すように要求することができる。運営部門責任者は、すべての関連する利用可能な映像を入手しなければならず、検討が必要と認めたあらゆる証拠をよく考慮して、記録員の決定が明らかに誤っていると判断した場合には、記録員にその決定を変更するように命じることができる。以後、この決定を変更することはできない。運営部門責任者は、

プレーヤーまたはクラブが繰り返し見直しに値しない申し立てをしたり、不誠実
な行為をして、申し立て手続きを悪用したとみなした場合には、警告の後にプレ
ーヤーまたはクラブに適宜な制裁を科すことができる。

　マイナーリーグのプレーヤーまたはクラブは、リーグの規則に基づいて、各リ
ーグ事務局に記録員の決定を見直すように要求することができる。

　記録員は、試合終了後（フォーフィッテッドゲームおよびコールドゲームを含
む）、メジャーリーグではコミッショナー事務局、マイナーリーグでは各リーグ
事務局が規定した様式に従って、次の各項を記載した報告書を作成する。すなわ
ち、試合の日時、球場名、試合したチーム名および審判員名、試合のフルスコア、
記録に関する規則に特に規定した方式に従って作成した各プレーヤーの個人記録
である。記録員は、この報告書を試合終了後できる限り速やかにメジャーリーグ
ではコミッショナー事務局、マイナーリーグでは各リーグ事務局に提出する。

　記録員は、サスペンデッドゲームが完了するか、または7.02（b）（4）によっ
てコールドゲームとなった試合は、いずれもできる限り速やかにその報告書を提
出する。（9.03参照）

【原注】　記録員は、リーグから指示された場合には、公式記録の報告書を、リーグ事務
　　局でなくリーグの統計員に提出しなければならない。統計員と記録員の間で食い違いが
　　ある場合は、その報告書を照合して確認しなければならない。統計員と記録員は食い違
　　いを解決するため協力すべきである。

（b）　（1）　記録員は、いかなる場合でも、記録に関する規則を含む本規則の条項
　　　に反するような記録についての決定を下してはならないし、記録に関する規則
　　　を厳重に守らなければならない。

　　　記録員は、審判員の裁定に反するような決定を下してはならない。

　　　記録員は、本規則に明確に規定されていない事項に関しては、自己の裁量で
　　　その決定を下す権能が与えられている。

　　　メジャーリーグではコミッショナー事務局、マイナーリーグでは各リーグ事

務局は、記録に関する規則に反するような記録員の決定については、変更するように命じなければならない。また、誤った決定を訂正するために必要な修正措置をとらなければならない。

（2） 3人アウトになっていないのに攻守交代が行なわれた場合には、記録員はただちにその誤りを球審に知らせなければならない。

【注】 （4）項に規定されるように、助言をしてはならないときを除いて、ボールカウントが3―2のときに球審が四球と思って打者に一塁を許した場合とか、代わることが許されていない投手に代わって他のプレーヤーが出場しようとした場合などには、記録員は審判員に助言を与える。

（3） サスペンデッドゲームとなった場合には、記録員は、一時停止になったときの状態を、得点、アウトの数、各走者の位置、打者のボールカウント、両チームの打順表、交代して退いたプレーヤーにいたるまで、詳細かつ正確に報告しなければならない。

【原注】 サスペンデッドゲームで重要なことは、停止されたときと全く同じ状態から再開されなければならないことである。

（4） 記録員は、たとえプレーヤーが打順を誤っていても、審判員または両チームのいかなる人にも、その事実について告げたり、注意を促したりしてはならない。

（c） 記録員は、公式代表者であって、その職務に関する限り、尊敬を受け、しかも威厳が保てるようにメジャーリーグではコミッショナー事務局、マイナーリーグでは各リーグ事務局が十分な保護を加えなければならない。

記録員は、その任務の遂行にあたり、監督、プレーヤー、クラブ役職員、報道関係者から侮辱的言動を受けた場合には、いかなるものでも然るべきリーグ役職員まで報告しなければならない。

9.02　公式記録の報告書

　リーグが公式記録の報告書を指定する場合、次に列記する各項目の数字が記入できるものでなければならない。

（a）　打者または走者の記録の項目は次のとおりである。

　（1）　打撃を完了した回数、すなわち打数（アットバット……AB）

　　　　ただし、次の場合は打数には算入しない。

　　　　（ⅰ）犠牲バントおよび犠牲フライ　(ii) 四球　(iii) 死球　(iv) 妨害（インターフェア）または走塁妨害（オブストラクション）によって一塁を得た場合。

　【注】　打者の打球に対して野手が選択守備を終わった後、その打者がオブストラクションによって一塁を許された場合には、打者に打数を記録する。また打者がオブストラクションによって一塁を得た場合でも、記録員がその打球を安打と判断したときには、打数を取り消さないで、打者に安打を記録する。

　（2）　得　点（ラン……R）の数

　（3）　安　打（ヒット……H）の数

　（4）　打　点（ランスバッテッドイン………RBI）の数

　（5）　二塁打（ツーベースヒット……2B）

　（6）　三塁打（スリーベースヒット……3B）

　（7）　本塁打（ホームラン……HR）

　（8）　塁　打（トータルベース……TB）

　（9）　盗　塁（ストールンベース……SB）

　(10)　犠牲バント（サクリファイスバント……SH）

　(11)　犠牲フライ（サクリファイスフライ……SF）

　(12)　四　球（ベースオンボールス……BB）の総数

　(13)　故意の四球を区別して記載する。（インテンショナルベースオンボールス……IB）

(14) 死 球（ヒットバイピッチ……HP）の数

(15) 妨 害（インターフェア……Int）または走塁妨害（オブストラクション
……Ob）で一塁を与えられた数

(16) 三 振（ストライクアウト……SO）

(17) フェアゴロによる併殺打（GIDP）、すなわち、フォースダブルプレイま
たはリバースフォースダブルプレイとなるゴロの数（定義23参照）

【原注】 打者走者が前位の走者の妨害行為によってアウトの宣告を受けた場合には、そ
の打者に併殺打を記録しない。

【注1】 たとえば、走者一塁のとき、一塁手が打者のゴロを捕って3—6—3のダブ
ルプレイを行なえば、フォースダブルプレイとなり、アウトをとる順序を変えて3
—3—6のダブルプレイを行なえば、リバースフォースダブルプレイとなる。
　　また、走者満塁のとき、三塁手が打者のゴロを捕って三塁に触れた後、5—2で三
塁走者をタッグアウトにしたときのように、第1アウトが一塁以外の塁でのフォー
スアウト、第2アウトがフォースアウトにされるはずであった走者が、塁に達する
前にタッグアウトになったときも同様、リバースフォースダブルプレイである。
　　なお、打者の打った飛球、ライナーを野手が落として（故意落球ではなく）前記の
ような併殺を行なっても、併殺打とはみなさない。

【注2】 打者が併殺打となるようなゴロを打ったとき、第1アウトが成立した後、第
2アウトに対する送球を野手が捕らえ損じたためにその野手に失策が記録されたと
きのように、併殺が完成されなかった場合でも、その打者には併殺打を記録する。

(18) 盗塁刺（コートスティーリング……CS）の数

（ｂ） 各野手の記録の項目は、次のとおりである。

（1） 刺 殺（プットアウト……PO）の数

（2） 補 殺（アシスト……A）の数

（3） 失 策（エラー……E）の数

（4） 併 殺（ダブルプレイ……DP）に関与した数

（5）　三重殺（トリプルプレイ……TP）に関与した数

（c）　各投手の記録の項目は次のとおりである。

（1）　投球した回数（イニングピッチド……IP）

【原注】　投手の投球回を決めるにあたっては、アウト一つを3分の1回とする。先発投手が6回1アウトのとき退けば、その投手には5回3分の1の投球回を記録する。先発投手が6回0アウトのとき退けば、その投手には5回の投球回と6回に面した打者の数の説明をつける。救援投手が打者2人をアウトにしただけで退けば、その投手には3分の2の投球回を記録する。

救援投手が出場し、アピールプレイが成立して1アウトを得た場合は、その救援投手に3分の1の投球回を記録する。

【注】　投手の連続イニング無失点を決定するにあたって、たとえば、5回まで無失点、6回1アウトをとった後に走者を残して退き、この走者が得点（自己の責任）した場合は、この3分の1回を加算せず、無失点イニングは5回とする。これに反して、6回1アウト走者二塁で救援に出て、次打者に安打されて二塁走者に得点（前任投手の責任）を許しても、それ以後この回に自己の責任となる得点を与えず、アウト二つをとった場合は、この3分の2回は加算する。

（2）　各投手のもとにおける打者数

（3）　各投手のもとにおける打数（9.02 a 1参照）

（4）　各投手が与えた安打の数

（5）　各投手が与えた得点（失点）の数

（6）　各投手が与えた自責点（アーンドラン……ER）の数

（7）　各投手が与えた本塁打の数

（8）　各投手のもとにおける犠牲バントの数

（9）　各投手のもとにおける犠牲フライの数

（10）　各投手が与えた四球の総数

（11）　各投手が与えた故意四球の数

　(12)　各投手が与えた死球の数

　(13)　各投手が奪った三振の数

　(14)　各投手の暴投（ワイルドピッチ……WP）の数

　(15)　各投手のボークの数……Bk

（d）　次の細目を付加する。

　(1)　勝投手名（ウィニングピッチャー……W）

　(2)　敗投手名（ルージングピッチャー……L）

　(3)　各チームの先発および交代完了の投手名（ゲームスタート、ゲームフィニッシュ……GS・GF）

　(4)　セーブを与えられた投手名（セーブ……S）

（e）　各捕手の逸球（パストボール……PB）の数

（f）　併殺および三重殺に関与したプレーヤーの氏名

　【原注】　たとえば次のように記入する。
　　　　併殺＝ジョーンズ──ロバーツ──スミス（2）。三重殺＝ジョーンズ──スミス。

（g）　各チームの残塁（レフトオンベース……LOB）の数

　　残塁数とは、走者となって、得点もせず、アウトにもならず、塁に残った全走者の数をいい、たとえば、内野ゴロを打って他の走者をアウトにしたために第3アウトが成立し、一塁に達するまでにその回が終わったときの打者走者を含む。

（h）　満塁本塁打を打った打者の氏名

（i）　最終回の裏3アウトになる前に勝敗が決まった場合には、決勝の得点が記録されたときのアウトの数

（j）　各チームの各イニングにおける得点

（k）　次の順で審判員名──球審、一塁塁審、二塁塁審、三塁塁審、必要とあれば、左翼審判、右翼審判

（ℓ）　天候状態、停電あるいは試合に関係ない技術的障害による遅延を差し引いた

正味の試合時間

【原注】　プレーヤー、監督、コーチ、審判員の負傷手当のための遅延は試合時間に算入する。

（m）　ホームチームにより提供される公式入場者数

9.03　公式記録の報告書の作成

（a）　公式記録の報告書の作成にあたって、記録員は、まず各プレーヤーの氏名をその守備位置とともに、打撃順に従って記載する。また途中で代わって出場して、試合が終わるまでに1度も打撃につく機会がなかったプレーヤーの氏名は、予定の打撃順によって記載する。

【原注】　プレーヤーが、他の野手と守備位置をかえたのではなく、ただ特別の打者のために自分の守備位置と違った場所に移動した場合（たとえば、二塁手が外野に行って外野手が4人となった場合、三塁手が遊撃手と二塁手との間に移動した場合）には、これを新しい守備位置として報告書に記載しない。

（b）　それぞれのチームの打順表に代打者または代走者として各プレーヤーを記入した場合には（そのまま守備についた場合にも）、特殊の符号であらわし、交代事情の説明を加える。
　　　一度代打者または代走者として発表されただけで実際には試合に出場せず、さらに他の代打者または代走者と代わった場合には、その旨を記入する。このような2番目の代打者または代走者の行為についてもその旨を記入する。

【原注】　交代して出場したプレーヤーの表記にはa、b、c、d……の符号を用いて、たとえば、aは3回Aに代わって安打した、bは6回Bに代わってフライアウトとなった、cは7回Cに代わって走者がフォースアウトになるゴロを打った、dは9回Dに代

わってゴロを打ってアウトとなった……のような説明を加える。

　一度代打者または代走者として発表されただけで実際には試合に出場せず、さらに他の代打者または代走者と代わった場合には、「eは7回Eの代打（代走）として発表された」のように記入する。

（c）　ボックススコアの検算

　各チームの打数、四球、死球、犠牲バントおよび犠牲フライ、妨害（インターフェア）および走塁妨害（オブストラクション）による出塁数の合計と、そのチームの得点、残塁および相手チームの刺殺（プットアウト）の合計とが、ともに、そのチームの打数と等しいかどうかを確かめ、その結果、それが一致しておれば各数字が正しいという証明になる。

（d）　打順の誤りがあったときの記録法

　打順を誤った打者が、その誤りを指摘されないまま打撃を完了してアウトになった後に、アピールが成立して正位打者がアウトの宣告を受けたときには、不正位打者のアウトの状態をそのまま正位打者に記録する。たとえば、不正位打者Aが遊ゴロで一塁でアウトになった後、アピールによって正位打者Bがアウトになれば、Bは遊ゴロして一塁でアウトになったものと記録する。

　【注1】　前記は、不正位打者が、単独で一塁に触れるまでにアウトにされた場合の記録法と解し、たとえば、不正位打者が他の走者とともに併殺された場合などに、アピールがあれば、正位打者がアウトを宣告されて、不正位打者の行為は取り消されるから、その打者のアウトの状況をそのまま正位打者に記録するわけにはいかない。したがってこのような場合には、次によって捕手に刺殺を与える。

　不正位打者が走者となって出塁した後アピールがあって、正位打者がアウトの宣告を受けたときは、捕手に刺殺を与え、正位打者には打数1を記録する。した

がって、不正位打者がセーフとなった記録は抹消する。

　　数人の打者が、続けざまに打順を誤ったために打順が乱れた場合は、各プレイ
が行なわれたままを記録する。

　　【注2】　たとえば、1番の打順に2番が打って三振、次に1番が中飛で2アウト、3
　　　番を抜かして4番、5番と続いて安打を放ったときの記録法は、1番の2アウトと
　　　2番の1アウトとアウトの順は前後するが、そのままその打者のところへ記録し、
　　　抜かされた3番をとばしたまま4番、5番と記録する。したがって、3番の打数は
　　　一つ少なくなるのは当然である。

（e）　コールドゲームおよびフォーフィッテッドゲーム
　（1）　コールドゲームが正式試合となった場合、7.01の規定に従って、試合終
　　　了となるまでに記録された個人とチームとの記録を、すべて公式記録に算入す
　　　る。ただし、コールドゲームがタイゲームであった場合は、投手に対する勝投
　　　手、敗投手の記録だけは除く。
　（2）　試合が正式試合となった後に、フォーフィッテッドゲームになった場合は、
　　　試合終了となるまでに記録された個人およびチームの記録を、すべて公式記録
　　　に算入する。
　　　　フォーフィッテッドゲームによって勝ちを得たチームが、相手チームよりも
　　　多くの得点を記録していたときには、9.17の規定に従って投手に対する勝投
　　　手、敗投手を決定して、公式記録に算入する。
　　　　フォーフィッテッドゲームによって勝ちを得たチームの得点が、相手チーム
　　　の得点よりも少ないか、等しかった場合には、投手に対する勝投手、敗投手を
　　　記録しない。
　　　　試合が正式試合となる前にフォーフィッテッドゲームになった場合、すべて
　　　の記録は公式記録に算入しない。この際は、フォーフィッテッドゲームとなっ
　　　た事情を報告する。

【原注】 記録員は、フォーフィッテッドゲームが宣告された時点における試合の結果に
もかかわらず、フォーフィッテッドゲームのスコアを9対0とみなしてはならない。
（定義31）

9.04 打　　　点

打点の記録は、本条規定により、打者の打撃が得点の原因となった場合に、その
打者に与えられる。

（a）　次の場合には打点を記録する。

（1）　打者が、失策によらず、安打、犠牲バント、犠牲フライ、または内野のア
ウトおよび野手選択によって走者を得点させた場合。ただし、本条（b）が適用
された場合は除く。

（2）　満塁で、四球、死球、妨害（インターフェア）および走塁妨害（オブスト
ラクション）によって打者が走者となったために、走者に本塁が与えられて得
点が記録された場合。

（3）　0アウトまたは1アウトで、打者の打球に対して失策があったとき三塁走
者が得点した場合は、その失策がなくても、走者は得点できたかどうかを確か
め、失策がなくても得点できたと認めれば、打者には打点を与える。

（b）　次の場合には打点を記録しない。

（1）　打者がフォースダブルプレイまたはリバースフォースダブルプレイとなっ
たゴロを打って走者を本塁に迎え入れた場合。

（2）　打者がフォースダブルプレイとなるようなゴロを打ち、第1アウトが成立
した後、一塁（または一塁以外の塁）での第2アウトに対する送球を野手が捕
らえ損じたために、その野手に失策が記録されたときに走者が得点した場合。

（c）　野手がボールを持ちすぎたり、あるいは塁へ無用な送球をするようなミスプ
レイの間に走者が得点した場合に、記録員が打者に打点を与えるかどうかは、次
の基準を参酌して決する。

すなわち、このようなミスプレイにもかかわらず、この間走者が走り続けて得

点した場合には、打者には打点を記録するが、いったん止まった走者が、このミスプレイを見た上で、走り直して得点した場合には、野手選択による得点と記録して、打者には打点は与えられない。

9.05　安　　打

安打の記録は、本条規定により、打者が安全に塁に達した場合に、その打者に与えられる。

（a）　次の場合には安打を記録する。

（1）　フェアボールが、野手に触れる前に、フェア地域に落下するか、フェア地域の後方のフェンスに当たるか、あるいはフェア地域のフェンスを越えたために、打者が安全に一塁（またはそれより先の塁）に生きた場合。

（2）　フェアボールが強すぎるか、または弱すぎたために、野手がその打球を処理しようとしたがその機会がなくて、打者が安全に一塁に生きた場合。

【原注】　たとえば、遊撃手が処理すればアウトにできたかもしれないと思われる打球に対して、三塁手が飛び出してデフレクトしたり、あるいは途中でカットして処理しようとしたが、結局プレイができずに終わったような場合などには、安打と記録する。

【注】　〝デフレクト〟とは、野手が打球に触れて球速を弱めるか、あるいは打球の方向を変えたことを意味する。

（3）　フェアボールが不自然にバウンドしたために、野手の普通の守備では処理することができないか、または野手に触れる前に、投手板あるいは各塁（本塁を含む）に触れたために、野手の普通の守備では処理できなくなって、打者が安全に一塁に生きた場合。

（4）　野手に触れないで外野のフェア地域に達したフェアボールによって、打者が安全に一塁に生きることができ、しかもその打球は、野手の普通の守備では

とうてい処理できなかったと記録員が判断した場合。

（5） 野手に触れていないフェアボールが、走者、審判員の身体または着衣にフェア地域で触れた場合。ただし、走者がインフィールドフライに触れてアウトを宣告されたときには、安打は与えられない。

（6） 打球を扱った野手が、先行走者をアウトにしようと試みたが成功せず、しかもその打球に対して普通に守備をしても、一塁で打者走者をアウトにできなかったと記録員が判断した場合。

【原注】 本条各項の適用にあたって疑義のあるときは、常に打者に有利な判定を与える。打球に対して非常な好守備を行なったが、続くプレイが十分でなくアウトをとることができなかった場合などには、安打を記録するのが安全な方法である。

（b） 次の場合には安打を記録しない。

（1） 打者の打球で、走者が封殺（フォースアウト）されるか、または野手の失策によって封殺を免れたような場合。

（2） 打者が明らかに安打と思われるボールを打ったにもかかわらず、進塁を義務づけられた走者（打者が走者となったため）が、次塁の触塁を誤って、アピールによってアウト（封殺）になったときは、その打者には安打を与えず、打数を記録する。

（3） 打球を扱った投手、捕手または内野手が、次塁を奪おうとするか、元の塁へ帰ろうとする先行走者をアウトにした場合、あるいは普通の守備でならアウトにできたにもかかわらず、失策のためにアウトにできなかった場合には、打者に安打を与えず、打数1を記録する。

【注1】 走者がオーバースライドなどのために、いったん触れた塁を離れてアウトになったときには、打者は走者を進めることができたものとみなして、打者に安打を記録する。

【注2】　本項でいう内野手とは、内野手が普通の守備範囲内で守備した場合だけを指し、内野手がその守備範囲を越えて外野で守備した場合には、内野手とはみなさない。たとえば走者二塁のとき、打者が遊撃手と左翼手との中間に小飛球を打ち上げた。二塁走者は、捕球されるのを懸念して離塁が少なかった。落球を見て三塁へ走ったが、遊撃手からの送球で三塁でアウトになったような場合には、本項を適用しないで打者に安打を記録する。

　　また外野手が打球を扱った場合には、走者がフォースアウトにされない限り、打者に安打を記録する。

（4）　打者が一塁でアウトになるだろうと記録員が判断したとき、打球を扱った野手が先行走者をアウトにしようとして行なった送球または触球行為などが不成功に終わった場合。

【原注】　打球を扱った野手が、ただちに打者走者に向かわないで、わずかに他の走者をうかがったり、または他の塁へ送球するふりをした（実際には送球せず）ために送球が遅れて、打者を一塁に生かした場合などには、本項を適用しないで、打者に安打を記録する。

（5）　打球を処理しようとする野手を妨害したために、走者がアウトを宣告された場合。

　　ただし、走者が守備妨害によってアウトになった場合でも、記録員がその打球を安打と判断した場合には、打者には安打の記録を与える。

9.06　単打・長打の決定

　安打を単打と記録するか、二塁打、三塁打または本塁打と記録するかは、次によって決定する。（失策またはアウトをともなった場合を除く）

（a）　次の（b）（c）の場合を除いて、打者が一塁で止まれば単打、二塁で止まれば二塁打、三塁で止まれば三塁打、本塁に触れて得点すれば本塁打と記録する。

（b）　塁に走者を置いて、打者の打った安打を扱った野手が、先行走者をアウトにしようと企てている間に、打者走者が数個の塁を奪った場合には、記録員は、打者が自らの打撃だけで得ることができた塁数ならびに野手選択によって進塁した塁数を参酌して、単打、二塁打、三塁打または本塁打を決定する。

【原注】　先行走者が本塁でアウトになるか、失策のためにそのアウトを免れた場合は、打者が三塁を得ていても三塁打とは記録しない。一塁走者が三塁へ進もうとしてその塁でアウトになるか、または失策のためにそのアウトを免れた場合には、打者が二塁を得ていても二塁打とは記録しない。

しかし、先行走者がアウトにされる機会がなかったときは、先行走者が進んだ塁数に関係なく、その打者の塁打数を決定する。すなわち先行走者が1個の塁しか進めなかったり、あるいは1個も進めなかったときでも、打者には二塁打と記録される場合もあり、また先行走者が2個の塁を得ても、打者には単打しか記録されない場合もある。たとえば次の場合である。

①　走者一塁のとき、打者が右前に安打、右翼手は三塁に送球したが、走者は三塁に生き、打者は二塁を得た。——記録は単打。

②　走者二塁、打者がフェア飛球の安打を放った。走者は捕球を懸念してリードが少なく、三塁を得たにすぎなかった。この間打者二進——記録は二塁打。

③　走者三塁、打者の打球は高いフェア飛球となる。一度リードをとった走者は、球が捕らえられるとみて帰塁した。ところが球は捕らえられず安打となったが、走者は得点できず、打者はこの間に二塁を得た。——記録は二塁打。

（c）　長打を放った打者が、二塁または三塁を得ようとしてスライディングを試みたときには、進んだ最後の塁を確保して、初めて二塁打または三塁打と記録する。打者走者がオーバースライドして塁に戻る前に触球アウトになった場合には、打者走者が安全に確保した塁と同数の塁打を与える。すなわち、打者走者が二塁をオーバースライドして触球アウトになれば単打を与え、三塁をオーバースライドして触球アウトになれば二塁打と記録する。

【原注】　打者走者が二塁あるいは三塁をオーバーランして、その塁に戻ろうとして触球アウトになった場合には、打者走者が最後に触れた塁によって、その塁打を決定する。
　打者走者が二塁を踏んで通過し、引き返そうとして触球アウトになったときには、二塁打が与えられ、打者走者が三塁を踏んで通過し、引き返そうとして触球アウトになったときには、三塁打が与えられる。

（d）　打者が安打を放ったが、触塁に失敗してアウトになった場合は、安全に得た最後の塁によって、単打、二塁打、三塁打を決定する。すなわち、打者走者が二塁を踏まないでアウトになったときには単打、三塁を踏まないでアウトになったときには二塁打、本塁を踏まないでアウトになったときには三塁打を、それぞれ記録する。一塁を踏まないでアウトになったときには、打数1を記録するだけで、安打を記録しない。

【注】　本項は、安打を放った打者が触塁に失敗してアウトになった場合だけでなく、前位の走者に先んじてアウトになった場合にも適用される。

（e）　打者走者が5.06（b）（4）または6.01（h）の規定に基づいて、2個または3個の塁、あるいは本塁が与えられた場合には、打者走者が進んだ塁によって、それぞれ二塁打、三塁打、本塁打と記録する。

（f）　本条（g）の場合を除いて、最終回に安打を放って勝ち越し点をあげた場合、打者には勝ち越し点をあげた走者がその安打で進んだ塁と同じ数だけの塁打しか記録されない。しかもその数だけの塁を触れることが必要である。

【原注】　5.05（a）および5.06（b）（4）中の諸規定によって、打者に数個の安全進塁権が認められて、長打が与えられたときにも、本項は適用される。
　記録員は、勝ち越し点が、打者走者が塁に触れるわずか前に記録されたとしても、プ

レイの自然な流れの中で打者が触れる塁数を与える。たとえば、9回裏同点で走者二塁のとき、打者が外野へ安打を放ち、一塁を経て二塁へ向かったが、二塁に達するわずか前に二塁走者が本塁に達した場合でも、打者走者が二塁に達すれば、打者に二塁打を与える。

【注】　打者は正規に前記と同数の塁に触れることが必要である。また、たとえば、最終回で走者二塁のとき、打者がバウンドでスタンドへ入るサヨナラ安打を放った場合、打者が二塁打を得るためには、二塁まで正規に進むことを必要とする。

　　　しかし、走者三塁のとき、打者が前記の安打を放って二塁に進んでも、単打の記録しか与えられない。

（g）　最終回、打者がフェンス越えの本塁打を放って試合を決した場合は、打者および走者があげた得点の全部を記録する。

9.07　盗塁・盗塁刺

　走者が、安打、刺殺、失策、封殺、野手選択、捕逸、暴投、ボークによらないで、1個の塁を進んだときには、その走者に盗塁を記録する。この細則は次のとおりである。

（a）　走者が投手の投球に先立って、次塁に向かってスタートを起こしていたときは、たとえその投球が暴投または捕逸となっても、暴投または捕逸と記録しないで、その走者には盗塁を記録する。

　　盗塁を企てた走者が暴投、捕逸のために余分の塁を進むか、他の走者が盗塁行為によらないで進塁した場合には、盗塁を企てた走者に盗塁を記録するとともに、暴投または捕逸もあわせて記録する。

【注1】　次の場合、暴投または捕逸があっても、走者が投球に先立って盗塁を企てていれば、その走者には盗塁が記録される。

①　打者への四球目[フォアボール]のとき、打者の四球によって次塁が与えられなかった走者が、次塁に進むかあるいはそれ以上に進塁した場合。

②　打者の三振目[スリーストライク]のとき、打者または走者の進塁に対して、暴投または捕逸が記録された場合。ただし、2アウト後、走者一塁、一・二塁、一・二・三塁のときの各走者の進塁、および走者一・三塁のときの一塁走者の進塁に対しては、盗塁は記録されない。

【注2】　打者が捕手またはその他の野手に妨害されたときに、走者が盗塁を企てていたので、5.06(b)(3)(D)が適用されて次塁への進塁を許された場合、その走者には盗塁を記録する。

（b）　走者が盗塁を企てたとき、投手の投球を受けた捕手が盗塁を防ごうとして悪送球しても、盗塁だけを記録して捕手には失策を記録しない。ただし、盗塁を企てた走者が、その悪送球を利してさらに目的の塁以上に進むか、あるいは、その悪送球に乗じて他の走者が1個以上の塁を得た場合には、盗塁を企てた走者に盗塁を記録するとともに、その捕手にも失策を記録する。

（c）　盗塁を企てるか塁を追い出された走者が挟撃されて、失策を記録されない守備側の不手際からアウトを免れて、次塁に進んだ場合には、その走者に盗塁が記録される。そのプレイ中、他の走者も進塁した場合には、その走者にも盗塁を記録する。

　　また、盗塁を企てた走者が挟撃され、失策を記録されない守備側の不手際からアウトを免れて、元の塁に帰ったプレイの間に、他の走者が進塁した場合、進塁したその走者には盗塁を記録する。

（d）　重盗、三重盗に際して、ある走者が奪おうとした塁に達する前か、あるいは、塁に触れた後オーバースライドして、野手の送球によってアウトにされたときは、どの走者にも盗塁は記録されない。

【注】　現実にアウトになった場合だけでなく、当然アウトになるはずの走者が失策によってアウトを免れたと記録員が判断した場合も同様、どの走者にも盗塁は記録さ

れない。

（e）盗塁を企てた走者が、奪おうとした塁をオーバースライドした後、触球アウトにされた場合には、その塁に戻ろうとしたか、あるいはさらに次の塁を奪おうとしたかに関係なく、すべてその走者には盗塁を記録しない。

（f）野手が好送球を明らかに落としたために、盗塁を企てた走者がアウトを免れたと記録員が判断した場合には、送球を落とした野手に失策を、送球した野手に補殺を記録し、走者には盗塁を記録しないで盗塁刺を記録する。

（g）走者が盗塁を企てた場合、これに対して守備側チームがなんらの守備行為を示さず、無関心であるときは、その走者には盗塁を記録しないで、野手選択による進塁と記録する。

　　【原注】　守備側が無関心だったかどうかを判断するにあたって、次のような状況を全体的に考慮しなければならない――イニング、スコア、守備側チームが走者を塁に留めようとしていたかどうか、投手が走者に対しピックオフプレイを試みたかどうか、盗塁の企てに対して通常は塁に入るべき野手が塁に入る動きをしたかどうか、守備側チームが走者の進塁にこだわらない正当な戦術的動機があったかどうか、守備側チームが走者に盗塁が記録されるのを強くはばもうとしたかどうか。

　　たとえば、走者一・三塁で、一塁走者が二塁を奪おうとした場合、もし、守備側に正当な戦術的動機があった――すなわち、二塁への送球の間に三塁走者が本塁へ突入するのを防ぐため、一塁走者の進塁にはこだわらなかった――と記録員が判断すれば、通常は盗塁を与えるべきである。また、たとえば、盗塁を記録されることによって、守備側チームのプレーヤーのリーグ盗塁記録、通算盗塁記録、リーグ盗塁王タイトルが危うくなる場合には、守備側チームは盗塁が記録されるのを強くはばもうとしていると判断してよい。

（h）次に該当する走者が、アウトになるか、失策によってアウトを免れたと記録員が判断した場合にはその走者に盗塁刺を記録する。すなわち、

（1）盗塁を企てた走者　（2）塁を追い出されたために次塁へ進もうとした走者

（元の塁に戻ろうとした後に次塁へ進もうとした走者も含む）（3）盗塁を企てて
オーバースライドした走者がそれである。

【原注】　捕手が投球をそらしたのを見て走り出した走者が、アウトになるか、失策によ
ってアウトを免れたときは、その走者に盗塁刺を記録しない。
　　走者がオブストラクションによって1個の塁を与えられた場合、あるいは打者による
インターフェアによって走者がアウトを宣告された場合は、その走者に盗塁刺を記録し
ない。
　　走者がたとえセーフになっていたとしても盗塁が記録されないような場合（たとえば、
捕手が投球をそらしたのを見て走り出した走者がアウトになった場合）では、その走者
に盗塁刺を記録しない。

【注1】　本項は、前記の走者が走塁をはじめたとき、次塁に走者がいなかった場合、
または走者がいてもその走者も盗塁を企てていた場合だけに適用される。
【注2】　塁を追い出された走者が、元の塁に戻ろうとしてアウトになるか、失策によ
ってアウトを免れた場合には、その走者に盗塁刺を記録しない。

9.08　犠牲バント・犠牲フライ
（a）　0アウトまたは1アウトで、打者のバントで1人または数人の走者が進塁し、
打者は一塁でアウトになるか、または失策がなければ一塁でアウトになったと思
われる場合は、犠牲バントを記録する。
　　ただし、打者がバントをしたとき、1人または数人の走者を進めるためでな
安打を得るためであったことが明らかであったと記録員が判断したときには
者には犠牲バントを記録しないで、打数を記録する。

【原注】　打者が走者を進めるために打者自身が一塁に生きる機会を犠牲にしたかどうか
を決定するにあたって疑義のあるときには、常に打者に有利に扱う。記録員は、その打
席の状況全体——イニング、アウトカウント、スコア——を考慮に入れなければならな

い。

（b）　0アウトまたは1アウトで、バントを扱った野手が、次塁で走者をアウトに
しようと試みて、無失策にもかかわらず、その走者を生かしたときは、犠牲バン
トを記録する。

　　ただし、普通の守備では、とうてい打者を一塁でアウトにすることは不可能で
あると記録員が判断したとき、バントの打球を扱った野手が、先行走者をアウト
（フォースアウト、タッグアウトの区別なく）にしようとして不成功に終わった
場合には、打者には単打を記録して、犠牲バントとは記録しない。

　　　【注】　バントを扱った野手が、ただちに打者走者に向かわないで、わずかに他の走者
　　　をうかがったり、または他の塁へ送球するふりをした（実際には送球せず）ために
　　　送球が遅れて、打者を一塁に生かした場合には、打者に単打を記録して、犠牲バン
　　　トとは記録しない。

（c）　打者のバントの打球で次塁へ進もうとする走者のうち1人でもアウト（フォ
ースアウト、タッグアウトの区別なく）にされたときには、打者に打数を記録す
るだけで、犠牲バントとは記録しない。

　　　【注1】　たとえば、バントで二進した一塁走者が二塁をオーバーランまたはオーバー
　　　スライドして野手に触球されてアウトになった場合には、打者が走者を安全に次塁
　　　に送っているにもかかわらず、走者自身の失敗でアウトになったもので、打者はそ
　　　の責任を果たしているから犠牲バントを記録する。
　　　【注2】　走者がアウトになった場合だけでなく、当然アウトになるはずのときに、野
　　　手が悪送球、落球、ファンブルなどのミスプレイによって走者を生かした場合も同
　　　様、犠牲バントとは記録しないで、その野手に失策を記録する。しかし、このよう
　　　なミスプレイがあった場合には、そのミスプレイがなくても走者が進塁することが
　　　できたかどうかを判断して、ミスプレイがなくても進塁することができたと判断し

た場合には、犠牲バントを記録し、また、このミスプレイでその走者が余分の塁を
得た場合には、失策もあわせて記録しなければならない。

（d） ０アウトまたは１アウトで、打者がインフライトの打球を打って、フェア地
　域とファウル地域を問わず、外野手または外野の方まで廻り込んだ内野手が、
　（１）　捕球した後、走者が得点した場合
　（２）　捕球し損じたときに走者が得点した場合で、仮にその打球が捕らえられて
　　いても、捕球後走者は得点できたと記録員が判断した場合
　には、犠牲フライを記録する。

　【原注】　捕球されなかったので打者が走者となったために、野手が他の走者をフォース
　　アウトにした場合も、本項（２）にあたるときは、犠牲フライを記録する。

　【注】　たとえば、１アウト走者一・三塁で、打者が右翼フライを打ち上げたので、２
　　人の走者がともに自己の塁にタッグアップしていたとき、右翼手はこのフライを捕
　　球し損じた。三塁走者はやすやすと得点したが、右翼手はただちに二塁へ送球して、
　　一塁走者をフォースアウトにした。この場合、三塁走者が、右翼手の落球または二
　　塁でのフォースアウトを利して（フライアウトを利したのではない）得点したと記
　　録員が判断した場合には、打者には犠牲フライを記録しない。これに反して、三塁
　　走者は、たとえこのフライが捕らえられても、捕球後得点できた（フォースアウト
　　または落球を利したのではない）と記録員が判断した場合には、打者には犠牲フラ
　　イを記録する。

9.09　プットアウト

　　刺殺（プットアウト）の記録は、本条規定により、打者あるいは走者をアウトに
　した野手に与えられる。
　（a）　次の場合には、当該野手に刺殺を記録する。
　（１）　野手が、フェアまたはファウルのインフライトの打球を捕らえて打者をア

ウトにした場合。

（2）　野手が、打球または送球を受けて塁に触球し、打者または走者をアウトに した場合。

【原注】　野手がアピールプレイで送球を受けて塁に触球し走者をアウトにした場合、その野手に刺殺を記録する。

（3）　野手が、正規に占有した塁を離れている走者に触球してアウトにした場合。

（b）　次の場合には、規則による刺殺（現実に刺殺者がいない場合に、特に定めた 刺殺者をいう）を捕手に記録する。

（1）　打者が三振のアウトを宣告されたとき。

（2）　打者が反則打球によって、アウトの宣告を受けたとき。

（3）　打者が2ストライク後に試みたバントの打球を、野手がフライとして捕らえないでファウルボールとなったため、5.09（a）（4）によってアウトの宣告を受けたとき。

【原注】　ファウルバントが飛球として野手に捕らえられた場合については、その野手に刺殺を与える。9.15（a）（4）後段参照。

（4）　打者が自らの打球に触れて、アウトを宣告されたとき。

【注】　本塁付近で触れた場合に本項を適用し、一塁付近で触れた場合は一塁手に刺殺を与える。

（5）　打者が捕手を妨害（インターフェア）して、アウトを宣告されたとき。

（6）　打者が打撃順を誤って、アウトを宣告されたとき。（9.03d参照）

（7）　5.08（b）ペナルティの適用を受けて、打者がアウトになった場合。

（8）　5.08(b)ペナルティの適用を受けて、三塁走者がアウトになった場合。

【注】　前記のほかに、次の場合も捕手に刺殺を与える。
① フェアの打球にバットが再び当たったために、打者が5.09(a)(8)の適用を受けてアウトを宣告されたとき。
② フェア飛球またはファウル飛球に対する捕手のプレイを、打者または攻撃側プレーヤーが妨害してアウトを宣告されたとき。
③ 飛球を捕らえようとしている捕手が観衆の妨害行為のために捕球できなかったが、その理由で打者がアウトを宣告されたとき。
④ 打者が一方から他方のバッタースボックスに移ったために、アウトを宣告されたとき。
⑤ 0アウトまたは1アウトで、三塁走者に対する本塁における捕手のプレイを打者が妨害したために、走者に対してアウトが宣告されたとき。

（c）　次の場合には、それぞれ規則による刺殺を記録する。（通常補殺は記録しないが、特殊の場合には、補殺も記録する）
（1）　打者がインフィールドフライの宣告でアウトになったが、誰もこれを捕らえなかった場合──記録員がその打球を捕らえたであろうと判断した野手に刺殺を与える。
（2）　走者がフェアボール（インフィールドフライを含む）に触れて、アウトを宣告された場合──その打球の最も近くにいた野手に刺殺を与える。
（3）　走者が野手の触球を避けて、線外を走ったのでアウトの宣告を受けた場合──走者が避けたその野手に刺殺を与える。
（4）　後位の走者が、前位の走者に先んじて、アウトの宣告を受けた場合──走者が先んじた地点に最も近い野手に刺殺を与える。

【注】　後位の走者が前位の走者に先んじてアウトになったときに、現実にプレイが行なわれていれば、これに関与した野手に刺殺と補殺とを与える。現実にプレイが行

なわれなかったときでも、記録員が刺殺と補殺とを与えることができると推定すれば、それらの野手に刺殺と補殺とを与える。補殺を与えることができないと記録員が判断した場合には、刺殺だけを与える。

(5) 走者が逆走してアウトの宣告を受けた場合（5.09 b 10）——逆走しだした塁をカバーした野手に刺殺を与える。

(6) 走者が野手を妨害してアウトを宣告された場合——妨害された野手に刺殺を与える。

　ただし、野手が送球しようとしているときに妨害されれば、その送球を受けようとしていた野手に刺殺を与え、送球を妨げられた野手には補殺を与える。

(7) 5.09（a）(13)により、前位の走者の妨害行為に基づいて、打者走者がアウトの宣告を受けた場合——一塁手に刺殺を与える。

　(6)項および本項によって、送球を妨げられた野手には補殺を記録するが、一つのプレイ中に同一野手が数回送球を扱った場合、すなわち挟撃に類するプレイ中に、送球を扱った野手が次の送球行為を妨げられたようなときには、ただ1個の補殺を記録するだけである。(9.10参照)

9.10 アシスト

　補殺（アシスト）の記録は、本条規定により、アウトに関与した野手に与えられる。

（a）　次の場合には、当該野手に補殺を記録する。

(1) あるプレイでアウトが成立した場合、または失策がなければアウトにできたと思われる場合に、そのアウトが成立するまでに、またはその失策が生じるまでに、送球したり、打球あるいは送球をデフレクトした各野手に補殺を記録する。

　挟撃のときのように、1プレイ中に同一プレーヤーが数回送球を扱っていても、与えられる補殺はただ1個に限られる。

【原注】 〝デフレクト〟とは、野手がボールに触れて球速を弱めるか、あるいはボールの方向を変えたことを意味するものであるから、ただ単にボールに触れたということだけでは、そのプレイを援助したものとみなされない。したがって、補殺は与えられない。
　プレイの自然の流れでのアピールプレイによってアウトが成立した場合は、刺殺を記録した野手以外のアウトに関与した各野手に補殺を記録する。プレイ終了後に投手からの送球で始まったアピールプレイによってアウトが成立した場合は、投手のみに補殺を記録する。

（2）　走者がインターフェアまたはラインアウトでアウトになったプレイ中、送球したり、ボールをデフレクトした各野手には、補殺を記録する。

（b）　次の場合には補殺を記録しない。

（1）　三振が記録された場合には、投手に補殺は与えられない。
　ただし、捕手が捕らえなかった第3ストライクの投球を投手が守備して塁に送球し、打者または走者をアウトにした場合には、投手に補殺が与えられる。

【注】 本項後段の場合で、投手の送球が悪送球となって打者または走者を生かしたとき、送球がよければアウトにできたと記録員が判断すれば、その投手に失策を記録する。

（2）　次のような正規の投球に基づくプレイの場合には、投手には補殺は与えられない。
　すなわち、投球を受けた捕手が、野手に送球して、離塁しているかまたは盗塁を企てた走者をアウトにしたり、あるいは本盗を試みた走者を触球アウトにした場合がそれである。

【注】 投手が投手板を外して送球したときは、それが本盗を試みた走者を捕手が触球アウトにした場合でも投手には補殺が与えられる。

（3）　野手の悪送球を利して、走者が次塁を奪おうと試み、続くプレイでアウトにされても、悪送球した野手には補殺は与えられない。

　　　あるプレイ中に、失策と記録されるかどうかに関係なく、ミスプレイがあり、それに続いてさらにプレイが行なわれても、そのミスプレイ後のプレイは新たなプレイとみなすべきで、ミスプレイをした野手は、あらためて新たなプレイにたずさわらない限り、補殺の記録を得ることはできない。

9.11　ダブルプレイ　・　トリプルプレイ

　　ボールが投手の手を離れてからボールデッドとなるまでか、あるいは、ボールが投手の手に戻って投手が次の投球姿勢に移るまでの間に、途中に失策またはミスプレイ（失策と記録されない）がなく、2人または3人のプレーヤーをアウトにした場合、このプレイ中に刺殺または補殺を記録した各野手には、ダブルプレイ、またはトリプルプレイに関与した旨が記録される。

　　【原注】　ボールが投手の手に戻った後であっても、次の投球姿勢に移るまでに、アピールプレイによって先のアウトに引き続いてアウトが成立した場合も同様、ダブルプレイまたはトリプルプレイが成立したものとみなす。

　　【注1】　定められた期間内に二つのアウトがあっても、双方のアウトに関連性がないときには、ダブルプレイとはしない。つまり、第1アウトの刺殺者が第2アウトの最初の補殺者とならない限り、ダブルプレイとはならない。トリプルプレイの場合も同様である。

　　【注2】　たとえば、走者一塁のとき、打者が一塁にゴロを打ち、打球を捕った一塁手は、遊撃手に送球した。これを受けた遊撃手は、二塁に触れて一塁走者をフォースアウトにし、さらに一塁手に転送球して打者も一塁でアウトにした。このダブルプレイにおいて、一塁手と遊撃手とは、それぞれ補殺と刺殺とを1個ずつ記録しているが、ダブルプレイに関与した数に関しては、各1個を与えられるにすぎない。

9.12　失　　策

　　失策の記録は、本条規定により、攻撃側チームを利する行為をした野手に与えられる。

（a）　次の場合には、当該野手に失策を記録する。

（1）　打者の打撃の時間を延ばしたり、アウトになるはずの走者（打者走者を含む）を生かしたり、走者に1個以上の進塁を許すようなミスプレイ（たとえばファンブル、落球、悪送球）をした野手に、失策を記録する。

　　ただし、0アウトまたは1アウトのとき、三塁走者がファウル飛球の捕球を利して得点するのを防ごうとの意図で、野手がそのファウル飛球を捕らえなかったと記録員が判断した場合には、その野手には失策を記録しない。

【原注1】　はっきりとしたミスプレイをともなわない緩慢な守備動作は、失策とは記録しない。たとえば、野手がゴロをきちんと処理したものの、一塁への送球でアウトにできなかった場合、その野手に失策を記録しない。

【原注2】　次のような場合には、記録員が失策を記録するにあたって、野手がボールに触れたか否かを判断の基準とする必要はない。

　　平凡なゴロが野手に触れないでその股間を通り抜けたり、平凡なフライが野手に触れないで地上に落ちたようなときには、野手が普通の守備行為をすれば捕ることができたと記録員が判断すれば、その野手に失策を記録する。

　　たとえば、内野手の横をゴロが通過したとき、その内野手がその守備位置で普通の守備行為をすれば走者をアウトにできたと記録員が判断すれば、その内野手に失策を記録する。また、外野手が飛球を落としたとき、その外野手がその守備位置で普通の守備行為をすれば捕球できたと記録員が判断すれば、その外野手に失策を記録する。

　　送球が、低すぎるか、横にそれるか、高すぎたり、地面に当たったりして、アウトになるはずの走者を生かしたとき、その野手に失策を記録する。

【原注3】　頭脳的誤り、または判断の誤りは、失策と記録しない。ただし、特に規定された場合を除く。

　　投手が一塁ベースカバーに入らないで打者走者を生かした場合、投手に失策を記録しない。野手が間に合わない塁へ不正確な送球をしても、失策を記録しない。

　　頭脳的誤りが実際のミスプレイにつながった場合は、その野手に失策を記録する。た

とえば、野手が第3アウトと勘違いして、ボールをスタンドに投げ入れたりマウンドに
転がしたりして、走者の進塁を許したような場合である。

　野手が、他の野手のミスプレイの原因となったときは、失策を記録する。たとえば、
他の野手のグラブにぶつかってボールを飛び出させた場合である。このような場合、捕
球を妨げた野手に失策を記録したときには、妨げられた野手には失策を記録しない。

（2）　野手がファウル飛球を落として、打者の打撃の時間を延ばした場合は、そ
　の野手に失策を記録する。──その後打者が一塁を得たかどうかには関係しな
　い。

　【注】　野手が普通の守備行為でなら捕らえることができたと記録員が判断したときだ
　　け、失策を記録する。

（3）　野手がゴロを捕るか、送球を受けて、一塁または打者走者に触球すれば十
　　分アウトにできたにもかかわらず、触球し損じたために打者走者を生かした場
　　合には、その野手に失策を記録する。
（4）　フォースプレイにおいて、野手がゴロを捕るか、送球を受けて、塁または
　　走者に触球すれば十分アウトにできたにもかかわらず、触球し損じたために走
　　者を生かした場合には、その野手に失策を記録する。

　【注】　前記のフォースプレイによるアウトの場合だけに限らず、タッグアウトの場合
　　でも、野手が走者に触球すれば十分アウトにできたにもかかわらず、触球し損じた
　　ために、走者を生かしたときには、その野手に失策を記録する。

（5）　送球がよければ走者をアウトにできたと記録員が判断したときに、野手が
　　悪送球したために走者を生かした場合には、その野手に失策を記録する。
　　　ただし、走者が盗塁を企てたとき、盗塁を防ごうとした野手が悪送球をして

も、本項の失策は記録されない。

（6）　野手が、走者の進塁を防ごうとして悪送球をした場合に、その走者または他の走者が、その送球とは関係なく進塁できたと思われる塁よりも余分に進塁したときには、その野手に失策を記録する。

（7）　野手の送球が、不自然なバウンドをしたり、各塁、投手板、走者、野手あるいは審判員に触れて変転したために、走者に進塁を許した場合には、このような送球をした野手に失策を記録する。

【原注】　この規則は、正確に送球した野手にとっては酷にすぎるように見えるが、きちんと適用しなければならない。たとえば、外野手が正確な送球をしたにもかかわらず、二塁ベースに当たってボールが外野に戻ったために走者の進塁を許した場合は、その外野手に失策を記録する。走者の進んだ各塁については、その原因を明らかにしなければならない。

【注】　夜間照明のライトまたは太陽の光線が、プレーヤーの目を射て、捕球が妨げられた場合にも、前記と同様、送球した野手に失策を記録する。

（8）　時機を得たしかも正確な送球を野手が止め損なうか、または止めようとしなかったために、走者の進塁を許した場合には、その野手に失策を記録し、送球した野手には失策を記録しない。もしそのボールが二塁に送られたときには、記録員は、二塁手または遊撃手のうちのどちらがその送球を止めるはずであったかを判断して、その野手に失策を記録する。

【原注】　野手が送球を止め損なうか、止めようとしなかったために、走者の進塁を許したが、その送球が時機を失したものと記録員が判断した場合には、このような送球をした野手に失策を記録する。

（b）　悪送球によって走者が進塁した場合は、走者の数および塁数には関係なく、常にただ1個の失策を記録する。

（c）　審判員が打者または走者に妨害もしくはオブストラクションで進塁を許したときには、このような妨害行為を行なった野手に失策を記録する。この場合、進塁を許された走者の数および塁数には関係なく、常にただ1個の失策を記録する。

【原注】　審判員がオブストラクションによって、打者または走者に与えた塁と、プレイによって打者または走者が進むことができたと思われる塁とが一致したと記録員が判断したときには、オブストラクションをした野手には失策を記録しない。

【注】　たとえば、打者が三塁打と思われる安打を放って一塁を経て二塁に進むとき、一塁手に走塁を妨げられ、審判員が打者に三塁を与えた場合などには、打者に三塁打を記録し、一塁手には失策を記録しない。
　　一塁走者が一塁二塁間でランダウンされたとき、二塁手がオブストラクションをしたために、審判員がその走者に二塁を与えた場合などには、その二塁手に失策を記録する。

（d）　次の場合には失策を記録しない。

（1）　走者が盗塁を企てたとき、投手の投球を受けた捕手が盗塁を防ごうとして悪送球しても、その捕手には失策を記録しない。ただし、盗塁を企てた走者がその悪送球を利して、さらに目的の塁以上に進むか、あるいはその悪送球に乗じて、他の走者が1個以上進塁したと記録員が判断した場合には、その捕手に失策を記録する。

（2）　野手が普通に守備して、しかも好球を送っても、走者をアウトにすることはできなかったと記録員が判断した場合には、野手が悪送球しても、その野手には失策を記録しない。ただし、その悪送球によって、その走者または他のいずれかの走者が、送球がよくても進塁できたと思われる塁以上に進塁したとき

には、その野手には失策を記録する。

　　【注】　野手が難球に対して非常に好守備をしたが、体勢が崩れたために悪送球をした
　　場合には、送球がよければ、打者または走者をアウトにできたかもしれないと思わ
　　れるときでも、その野手には失策を記録しない。ただし、本項後段のような状態に
　　なったときには失策を記録する。

（3）　野手が、併殺または三重殺を企てた場合、その最後のアウトをとろうとし
　　た送球が悪球となったときは、このような悪送球をした野手には失策を記録し
　　ない。ただし、その悪送球のために、いずれかの走者が余分な塁に進んだとき
　　には、このような悪送球をした野手に失策を記録する。

　　【原注】　併殺または三重殺のとき、最後のアウトに対する好送球を野手が落としたとき
　　には、その野手には失策を記録し、好送球をした野手には補殺を与える。

（4）　野手が、ゴロをファンブルするか、インフライトの打球、送球を落とした
　　後、ただちにボールを拾って、どの塁ででも走者を封殺した場合には、その野
　　手には失策を記録しない。

　　【注1】　本項は、アウトが成立した場合だけでなく、塁に入った野手が送球を捕らえ
　　損じて封殺し損ねた場合にも適用する。この際は、送球を捕らえ損じた野手に失策
　　を記録する。
　　【注2】　送球を受けた野手が、塁または走者に触球すれば十分アウトにできたにもか
　　かわらず、触球し損じたために走者を生かしたが、ただちに他の塁に送球して走者
　　（打者走者を含む）を封殺した場合にも本項を適用する。

（5）　暴投および捕逸は、失策と記録しない。
（e）　打者が四球または死球で一塁を許されるか、暴投または捕逸によって一塁に

生きた場合には、投手または捕手には失策を記録しない。

> 【注】　第3ストライクを捕らえ損じた捕手が、ただちに投球を拾い直して一塁に送っ
> たが、悪送球となって打者走者を生かした場合、送球がよければアウトにできたと
> 記録員が判断すれば、暴投または捕逸を記録しないで、捕手に失策を記録する。
> 　　ただし、捕手の悪送球とは関係なく、打者走者が一塁に生きたと記録員が判断すれ
> ば、捕手には失策を記録しないで、暴投または捕逸を記録する。もっとも、この悪
> 送球によって打者走者が二塁以上に進むか、他の走者が送球がよくても進塁できた
> と思われる塁以上に進んだ場合には、暴投または捕逸を記録するとともに、悪送球
> をした捕手に失策を記録する。

（f）　走者が、捕逸、暴投またはボークによって進塁した場合には、投手または捕
　　手には失策を記録しない。

（1）　打者に対する四球目が暴投または捕逸となったために、打者または走者が
　　進塁して、次のどれかに該当した場合には、四球とともに暴投または捕逸を記
　　録する。

①　打者が一挙に二塁に進んだ場合。

②　走者が打者の四球によって進塁を許された塁以上に進んだ場合。

③　打者の四球によって進塁を許されなかった走者が、次塁に進むか、あるい
　　はそれ以上の塁に進んだ場合。

（2）　第3ストライクの投球を捕らえ損じた捕手が、ただちにボールを拾い直し
　　て一塁に送るか、または触球して打者走者をアウトにする間に、他の走者が進
　　塁した場合には、その走者の進塁を暴投または捕逸による進塁とは記録しない
　　で、野手選択による進塁と記録する。したがって、打者には三振を、各野手に
　　はそのプレイに応じて刺殺、補殺を記録する。

【原注】　暴投、捕逸については9.13参照。

【注】　（2）項の場合、捕手が打者走者をアウトにする代わりに、他のいずれかの走者をアウトにしたときも同様に扱う。ただし、0アウトまたは1アウトで、一塁に走者がいたので、打者が規則によってアウトになったとき、走者が暴投または捕逸で進塁した場合には、走者には暴投または捕逸による進塁と記録し、打者には三振を記録する。

9.13　暴投・捕逸

暴投の定義は、定義81参照。捕逸の記録は、本条規定により、捕手の行為が走者の進塁の原因となったときに捕手に与えられる。

（a）　投手の正規の投球が高すぎるか、横にそれるか、低すぎたために、捕手が普通の守備行為では止めることも処理することもできず、そのために走者を進塁させた場合には、暴投が記録される。

　また、投手の正規の投球が、捕手に達するまでに地面やホームプレートに当たり、捕手が処理できず、そのために走者を進塁させた場合にも、暴投が記録される。

　第3ストライクが暴投となり、打者が一塁に生きた場合は、三振と暴投を記録する。

（b）　普通の守備でなら保持することができたと思われる投手の正規の投球を、捕手が保持または処理しないで、走者を進塁させたときには、捕手に捕逸が記録される。

　第3ストライクが捕逸となり、打者が一塁に生きた場合は、三振と捕逸を記録する。

【原注】　守備側チームが走者の進塁を防いでアウトにしたときは、暴投および捕逸を記録しない。たとえば、走者一塁で投球が地面に当たり捕手が捕れなかったが、ボールを拾い直して走者を二塁でアウトにした場合、暴投を記録しない。他の走者の進塁は、野選による進塁と記録する。また、走者一塁で捕手が投球を捕らえ損じたが、ボールを拾

い直して走者を二塁でアウトにした場合も、捕逸を記録しない。他の走者の進塁は、野選による進塁と記録する。

9.14　四球・故意四球

四球の定義は、定義7参照。

（a）　ストライクゾーンの外に4個の投球が投げられて、打者が球審から一塁を与えられたときには、四球が記録される。しかし、四球目の投球が打者に触れたときは、死球が記録される。

【原注】　1個の四球に対して2人の投手が関与した場合については、9.16（h）に規定がある。9.15（b）に規定されているように、一つの四球に2人以上の打者が関与したときは、最後の打者に四球の記録が与えられる。

（b）　故意四球は、投球する前から立ち上がっている捕手に四球目にあたるボールを、投手が意識して投げた場合に、記録される。

（c）　四球を与えられた打者が一塁に進まなかったためにアウトを宣告された場合には、四球を取り消して、打数を記録する。

（d）　守備側チームの監督が故意四球とする意思を球審に示して、打者が一塁を与えられたときには、故意四球が記録される。

9.15　三　　　振

三振の記録は、本条規定により、球審が打者にストライクを3回宣告したときに、投手と打者に与えられる。

（a）　次の場合には三振を記録する。

（1）　捕手が第3ストライクを捕えたので、打者がアウトになった場合。

（2）　0アウトまたは1アウトで走者が一塁にいるときに、第3ストライクが宣告されて、打者がアウトになった場合。

（3）　捕手が第3ストライクを捕らえなかったので、打者が走者となった場合。

（4）　2ストライク後、打者がバントを企ててファウルボールとなった場合。

　　　ただし、そのバントがファウル飛球として野手に捕らえられた場合には、三振と記録せず、そのファウル飛球を捕らえた野手に刺殺を記録する。

（b）　打者が2ストライク後退いて、代わった打者が三振に終わったときには、最初の打者に三振と打数とを記録し、代わって出場した打者が三振以外で打撃を完了した（四球を含む）場合には、すべてその代わって出場した打者の行為として扱う。

　　　【注】　1打席に3人の打者が代わって出場し、3人目の打者が三振に終わったときには、2ストライクが宣告されたときに打撃についていた打者に、三振と打数とを記録する。

9.16　自責点・失点

　自責点とは、投手が責任を持たなければならない得点である。

　自責点を決定するにあたっては、次の2点を考慮する。

　まず、イニングについて、同一イニングに2人以上の投手が出場したときの救援投手は、出場するまでの失策（捕手などの打者への妨害を除く）または捕逸による守備機会を考慮されることなく、それまでのアウトの数をもとにしてあらためてイニングを終わらさなければならない。（i項参照）

　ついで、走者が進塁するにあたって失策があったときは、その失策がなくても進塁できたかどうかに疑問があれば、投手に有利になるように考慮する。

（a）　自責点は、安打、犠牲バント、犠牲フライ、盗塁、刺殺、野手選択、四球（故意四球も含む）、死球、ボーク、暴投（第3ストライクのときに暴投して打者を一塁に生かした場合も含む）により、走者が得点するたびごとに記録される。

　　　ただし、守備側が相手チームのプレーヤーを3人アウトにできる守備機会をつかむ前に、前記の条件をそなえた得点が記録された場合に限られる。

　暴投は投手の投球上の過失であって、四球またはボークと同様、自責点の決定にあたっては、投手が責任を負う。

【原注】　以下は、投手の自責点についての例である。
　①　投手甲は、その回の最初の2人、AとBを凡退させた。Cは野手の失策で一塁に生き、D、Eが連続本塁打を打った。投手甲はFを打ち取ってその回を終わらせた。3点が記録されたが、甲に自責点は記録されない。失策がなければ、この回はCで終わっていたはずだからである。
　②　投手甲は、先頭のAを打ち取った。Bは三塁打。Cに対して甲が暴投、Bが生還した。甲は続くDとEを打ち取った。この回の1点は自責点となる。暴投は自責点の要素となるからである。

　打者走者が捕手の妨害で一塁に生きた場合、結果的にその打者走者が得点しても自責点とはしない。しかし、捕手の妨害がなければその打者はアウトになっていたと仮定してはならない（野手の失策によって一塁に生きた場合とは違う）。なぜなら、その打者は打撃を完了する機会がなかったのであり、捕手の妨害がなかったらどのような結果になっていたかはわからないからである。次の二つの例を比べよ。
　③　2アウトからAは遊ゴロ失で一塁に生きた。B本塁打、C三振。2点が記録されたが、自責点は記録されない。なぜなら、Aの打撃で失策がなければ第3アウトになっていたはずだからである。
　④　2アウトからAは捕手の妨害で一塁に生きた。B本塁打、C三振。2点が記録されたが、このうちBの得点は自責点である。なぜなら、捕手の妨害がなければ第3アウトになっていたと仮定することはできないからである。

【注1】　ここでいう〝攻撃側プレーヤーをアウトにできる守備機会〟とは、守備側が打者または走者をアウトにした場合と、失策のためにアウトにできなかった場合とを指し、以下これを〝アウトの機会〟という。
　　本項の〝ただし〟以下は、守備側に相手チームのプレーヤー2人に対するアウトの機会があった後、前記の得点があっても、次に該当する場合は、投手の自責点とならないことを規定している。すなわち、
　①　その得点が3人目のアウトを利して記録された場合、あるいはそのアウトが成立

　したとき、またはそれ以後に記録された場合

② その得点が 3 人目のプレーヤーが失策のためにアウトにならなかったときに記録
　されるか、またはそれ以後に記録された場合である。

　たとえば、0 アウト、A 中前安打、B 投前バントを試みたとき、投手からの送球を
一塁手が落球して走者一・二塁となり、C の三前バントで走者を二・三塁に進めた
後、D 中堅手にフライを打ち、A はこのフライアウトを利して得点し、E 三振に終
わった。このイニングには投手の自責点はない。

　0 アウト、A 三ゴロ失に生き、B 三振、C の二ゴロで A をフォースアウトにしよう
とした二塁手からの送球を遊撃手が落球して走者一・二塁、D 本塁打、E 投ゴロ、
F 三振に終わった。このイニングには投手の自責点はない。

　攻撃側プレーヤーに対する〝アウトの機会〟を数えるにあたっては、種々の場合が
あるので、次に列記する。

① 打者が、ファウルフライ失によって打撃時間を延ばされたとき、走塁妨害で一
　塁を得たとき、捕手の第 3 ストライクの後逸によって一塁を得た（第 3 ストライ
　クのときの投手の暴投を除く）とき、野手の失策によって一塁を得たとき、失策
　のためにアウトを免れた走者に対して打者の行為に起因した野手の選択守備の結
　果一塁を得たときは、いずれも打者に対するアウトの機会は 1 度と数える。

② ファウルフライ失によって打撃時間を延ばされた打者が、アウトになったとき、
　または野手の失策によって一塁を得たとき、アウトの機会は 2 度あったように見
　えるが 1 度と数える。

　　また、この打者の打撃行為に起因した野手の選択守備の結果打者が一塁を得た
　ときは、守備の対象となった走者がすでにアウトの機会があったかどうかに関係
　なく、このプレイにおけるアウトの機会は 2 度と数える。（打者についてはアウト
　の機会が 1 度あったことになる）

③ 1 度アウトの機会のあった打者または走者が、他の打者の行為とみなされない
　原因、たとえば盗塁またはこれに類する行為あるいは余塁を奪おうとした行為で
　アウトになったとき、または失策のためにそのアウトを免れたときは、アウトの
　機会は 2 度あったように見えるが、1 度と数える。

④ 1 度アウトの機会のあった打者または走者が、他の打者の行為に起因した野手
　の選択守備でアウトになったとき、または失策のためにそのアウトを免れたとき
　は、アウトの機会は 2 度と数える。

⑤ 1 度アウトの機会のあった打者または走者が、他の打者とともに併殺となった

　　ときは、アウトの機会は３度あったように見えるが、２度と数える。

【注２】　①自責点となるべき要素は、安打、犠牲バントおよび犠牲フライ、盗塁、刺
　　殺、野手選択、四球（故意四球も含む）、死球、ボーク、暴投であり、②自責点に含
　　んでならない要素は、守備失策、捕手または野手の妨害、走塁妨害、捕逸、ファウ
　　ルフライ失である。

　　　②の要素で一塁に生きたり、または本塁を得た場合はもちろん、二塁、三塁を進む
　　にあたっても、②の要素に基づいた場合には、自責点とはならない。ただし、二塁、
　　三塁を②の要素で進んだ走者が得点した場合でも、これらのミスプレイの助けをか
　　りなくても得点できたと思われるときには、自責点とする。(9.16ｄ参照)

　　　さらに、アウトになるはずの走者が、失策によってアウトを免れた後に得点した場
　　合には、自責点とはならない。

　　　また、守備の失策があった場合でも、その走者は失策と無関係に進塁したと記録員
　　が判断したときは、②の要素で進んだものとはならないで自責点となる。この２点
　　に特に注意を要する。

（ｂ）　次の理由で打者が一塁を得た後、得点することがあっても、自責点とはなら
　　ない。

　（１）　ファウル飛球の落球によって打撃の時間を延ばされた打者が、安打その他
　　　で一塁を得た場合。

　（２）　妨害または走塁妨害で一塁を得た場合。

　（３）　野手の失策で一塁を得た場合。

　　【注】　失策によってアウトを免れた走者に対して、打者の行為に起因した野手の選択
　　　守備の結果、打者が一塁を得た場合も、本項同様に扱う。

（ｃ）　失策がなければアウトになったはずの走者が、失策のためにアウトを免れた
　　後、得点した場合は、自責点とはならない。

　　【注】　本項は、原則として走者に対する守備が現実に行なわれ、失策によってアウト

を免れた場合に適用すべきであるが、フォースプレイで、野手が走者をアウトにしようとするプレイをしないで失策した場合（たとえば、ファンブル、後逸など）、その失策によって走者が明らかに封殺を免れたと記録員が判断したときには、本項を適用してもさしつかえない。

（d）　失策、捕逸、あるいは守備側の妨害、または走塁妨害の助けをかりて進塁した走者が得点した場合、このようなミスプレイの助けをかりなければ得点できなかったと記録員が判断したときだけ、その走者の得点は自責点とならない。

【注1】　走者が得点した際、自責点とするか否かを決定するにあたっては、ミスプレイの助けがなかったら進塁もまた得点もできなかったと記録員が判断した場合だけに本項を適用し、その他の場合、すなわち、現実にミスプレイの助けをかりて進塁していたが、もし、そのミスプレイの助けがなくても、その後の自責点となる要素に基づいて当然進塁して得点できたと記録員が判断した場合には、自責点とする。

①　安打で出塁した一塁走者Aが、捕逸で二塁に進んだ後、Bの単打で得点したような場合には、自責点としない（単打でなく、三塁打以上の長打で得点した場合には自責点となる）が、Bが四球で出塁し、Cの単打で得点したような場合には自責点とする。

②　A四球、B三ゴロ失で走者一・二塁の後、C、D四球を得て、Aが得点したような場合、失策のためアウトを免れたBがいなければ、AはDの四球によって得点できなかったから、Aの得点を自責点としない。しかし、Dが二塁打以上の長打を打って、A、Bが得点した場合には、Aを自責点とする。

③　A四球で出塁し、捕逸で二塁に進み、Bは三ゴロでアウトになり、Aは二塁にとどまっていた後、Cの単打で得点したような場合、Aは、Bの内野ゴロのアウトを利して二塁に進むことができたとはみなさないで、Aの得点は自責点としない。もっとも、Cの三塁打以上の長打で得点したような場合には、自責点とする。

【注2】　満塁のとき、打者が捕手または野手の妨害によって一塁を得たために三塁走者が得点した場合には、三塁走者の得点は自責点としない。

【注3】　ファウルフライ失によって打撃時間を延ばされた打者の打撃を完了したプレイに基づく走者の進塁は、ミスプレイの助けをかりた進塁とみなす。

（e） 投手の守備上の失策は、自責点を決定する場合、他の野手の失策と同様に扱って、自責点の要素からは除かれる。

（f） 走者が進塁するにあたって野手の失策があったとき、その走者の進塁が失策に基づくものかどうかを決める場合（失策による進塁ならば自責点とならない）には、もし無失策の守備だったら、はたしてその塁に進むことができたかどうかを仮想して決めるのであるが、そこに疑問の余地があれば、投手に有利になるように判定すべきである。（すなわち失策によって進塁したように決める）

（g） ある投手が回の途中で走者を残して退いた後を救援投手が受け継ぎ、その任務中に、前任投手が残した走者が得点した場合はもちろん、救援投手に対した打者の打球により、野手の選択守備で前任投手が残した走者をアウトにしたために塁に出た打者が得点した場合にも、その得点は（いずれの場合も自責点、非自責点を問わない）前任投手のものとして数える。

【原注】 ここでは、残された走者の数が問題であって、走者が誰であったかにこだわる必要はない。前任投手が走者を残して退き、救援投手が出場して、その回の任務中に得点が記録されたときは、次の例外を除いて、たとえ残した走者がアウトにされることがあっても、その残した走者の数までは、前任投手が責任を負わなければならない。

すなわち、残された走者が盗塁に類する行為または妨害など、打者の行為によらないでアウトになったときは、残された走者の数は減ぜられる。

① 投手甲、四球のAを塁に残して退き、投手乙が救援、Bがゴロを打ってアウトになり、Aを二塁に進める、Cはフライアウト、Dが単打して、Aが得点──投手甲の失点。

② 投手甲、四球のAを残して退き、乙救援、Bはゴロを打ってAを二塁で封殺、Cゴロを打ってアウトになり、Bを二塁に進める。Dの単打でB得点──投手甲の失点。

③ 投手甲、四球のAを残して乙と代わる。B単打して、Aを三塁に送る、C遊ゴロしてAを本塁でアウトにする。この間B二進、Dフライアウト、E単打してB得点──投手甲の失点。

④ 投手甲、四球のAを残して乙と代わる。B四球、Cフライアウト、Aは捕手からの送球で二塁を追い出されてアウト（これで甲の走者はいないことになる）、D二塁打

して、B一塁から得点――投手乙の失点。

⑤ 投手甲、四球のAを残して乙と代わる。B四球後さらに丙と代わる、Cの打球でAを三塁に封殺、Dの打球もBを三塁に封殺、E3点本塁打する――投手甲、乙、丙ともに失点各1。

⑥ 投手甲、四球のAを残して乙と代わる。B四球、C単打して満塁、DはAを本塁に封殺、Eは単打してBとCとを本塁に送る――投手甲、乙ともに失点各1。

⑦ 投手甲、四球のAを残して乙と代わる。B単打したが、Aは三塁を奪おうとしてアウト、その間にBは二進、C単打してB得点――投手乙の失点。

【注1】 例① 投手甲、二ゴロ失に生きたAを残して乙と代わる。B四球後、Cの打球でAを三塁に封殺、D3点本塁打する――Cが投手甲の失点（非自責点）となり、B、Dが投手乙の失点（自責点）となる。

例② 投手甲、三ゴロ失に生きたAを残して乙と代わる。B四球後、Cの打球でAを三塁に封殺、D単打してB得点、E、F凡退――Bが甲の失点（非自責点）となる。

【注2】 本項〔原注〕の後段に述べられている前任投手の残した走者の数が減ぜられる場合には、前任投手の残した走者が救援投手に対した打者と共に併殺されるか、または救援投手に対した打者の行為で前任投手の残した2人の走者が併殺された（この際は、1が減ぜられるだけ）場合、および前任投手の残した走者が余塁を奪おうとしてアウトになった場合も含む。

（h） 前任投手が打者の打撃を完了させないで退いたときには、次の要項によって各投手の責任が明らかにされる。

（1） 投手が代わって出場した当時、ボールカウントが次のようなときであって、その打者が四球を得た場合には、その四球を得た打者を前任投手が責を負うべき打者として記録し、救援投手の責任とはならない。

    ボール…………2　2　3　3　3
             |　|　|　|　|
    ストライク…………0　1　0　1　2

（2）　前記の場合、打者が四球以外の理由、すなわち安打、失策、野手選択、封殺、死球などで一塁に生きたときは救援投手の責任とする。（打者がアウトになったときも救援投手の責任となる）

【原注】　このことは本条（ g ）に抵触するものではない。

（3）　投手が代わって出場した当時、打者のボールカウントが次のような場合には、その打者およびその打者の行為はすべて救援投手の責任とする。

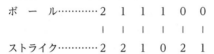

```
ボ ー ル…………2 1 1 1 0 0
            |  |  |  |  |  |
ストライク…………2 2 1 0 2 1
```

（ i ）　同一イニングに2人以上の投手が出場したときの救援投手は、そのイニングでの自責点の決定にあたっては、出場するまでの失策または捕逸によるアウトの機会の恩恵を受けることはできない。

【原注】　本項の目的は、救援投手が自責点にならないことを利用して、無責任な投球をするのを防ぐためのものである。
　　救援投手にとっては自責点となっても、チームにとっては自責点とならない場合がある。

①　2アウト、投手甲、四球のAと失策で出塁したBとを残して投手乙と代わる。Cが3点本塁打する。──投手甲の自責点はなし。投手乙の自責点は1。チームの自責点はなし。

②　2アウト、投手甲、四球のAとBとを残して投手乙と代わる。C失策で出塁。D満塁本塁打する。──投手甲、乙とも失点2、自責点はなし。

③　0アウト、投手甲、四球のAと失策で出塁したBとを残して投手乙と代わる。C3点本塁打する。D、Eともに三振。F失策で出塁。G2点本塁打する。──投手甲失点2、自責点1。投手乙失点3、自責点1。チームの失点5、自責点2。

【注】　イニングの途中から出場した救援投手の自責点の決定にあたって本項が適用されるために、チームの自責点より、投手個人の自責点の合計の方が多くなる場合がある。なお、救援投手が自責点となる走者を残して退いても、それ以後の失策または捕逸によるアウトの機会の恩恵を受けることはできる。

9.17　勝投手・敗投手の決定

（a）　ある投手の任務中、あるいは代打者または代走者と代わって退いた回に、自チームがリードを奪い、しかもそのリードが最後まで保たれた場合、その投手に勝投手の記録が与えられる。

　　　ただし、次の場合はこの限りではない。

（1）　その投手が先発投手で、本条（b）が適用された場合。

（2）　本条（c）が適用された場合。

【原注】　試合の途中どこででも同点になれば、勝投手の決定に関しては、そのときから新たに試合が始まったものとして扱う。

　　　相手チームが一度リードしたならば、その間に投球した投手はすべて勝投手の決定からは除外される。ただし、リードしている相手チームに対して投球している間に、自チームが逆転して再びリードを取り戻し、それを最後まで維持したときは、その投手に勝の記録が与えられる。

（b）　先発投手は、次の回数を完了しなければ勝投手の記録は与えられない。

（1）　勝チームの守備が6回以上の試合では5回。

（2）　勝チームの守備が5回（6回未満）の試合では4回。

　　　先発投手が本項を満たさないために救援投手に勝投手の記録が与えられる場合は、救援投手が1人だけであればその投手に、2人以上の救援投手が出場したのであれば、勝利をもたらすのに最も効果的な投球を行なったと記録員が判断した1人の救援投手に、勝投手の記録を与える。

【原注】 救援投手が勝投手として記録されるには、その投手が最低1イニングを投球するか、試合の流れ（スコアも含む）の中で試合を決定づけるアウトを奪うこと、というのが本項の趣旨である。最初の救援投手が効果的な投球をしたからといって、ただちにその投手に勝を与えるべきではない。なぜなら、勝投手は、最も効果的な投球をした投手に与えられるものであり、続く救援投手が最も効果的な投球を行なうかもしれないからである。どの救援投手に勝を与えるかを決定するには、失点、自責点、得点させた走者数、試合の流れを考慮しなければならない。もし2人以上の投手が同程度に効果的な投球を行なった場合は、先に登板した投手に勝を与えるべきである。

（c） 救援投手が少しの間投げただけで、しかもその投球が効果的でなかったときに、続いて登板した救援投手の中にリードを保つのに十分に効果的な投球をした投手がいた場合は、前者に勝の記録を与えないで、続いて登板した救援投手の中で最も効果的な投球をしたと記録員が判断した投手に勝を与える。

【原注】 救援投手が1イニングも投げずに2点以上の得点（それが前任投手の失点であっても）を許した場合は、効果的な投球とはいえず、かつ少しの間しか投げなかったと一般的にはみなすべきであるが、必ずそうみなすというわけではない。複数の救援投手から勝投手を選ぶ際には、本条（b）の〔原注〕が参考となる。

（d） 自己の責任による失点が相手チームにリードを許し、相手チームが最後までそのリードを保ったとき、その投手に敗投手の記録を与える。

【原注】 試合の途中どこででも同点になれば、敗投手の決定に関しては、そのときから新たに試合が始まったものとして扱う。

（e） 選手権試合でないオールスターゲームのような場合には、本条（b）は適用されない。このような試合の勝投手の記録は、勝チームが試合の最後までリードを保ったときには、そのリードを奪った当時投球していた投手（先発あるいは救

援）に与える。ただし、勝チームが決定的リードを奪った後でも、その投手がノックアウトされ、むしろ救援投手が勝投手としての資格があると考えられるときは、この限りではない。

9.18　シャットアウト

シャットアウト（無得点勝利）の記録は、得点を許さなかった投手に与えられる。

完投投手でなければ、シャットアウトの記録は与えられない。ただし、1回0アウト無失点のときに代わって出場した投手が、無失点のまま試合を終わった場合に限って、完投投手ではないが、シャットアウトの記録が与えられる。投手が2人以上リレーしてシャットアウトしたときは、リーグの公式投手成績にその旨の説明をつける。

9.19　救援投手のセーブの決定

セーブは、本条規定により、救援投手に与えられる記録である。

次の4項目のすべてを満たした投手には、セーブの記録を与える。

（a）　自チームが勝を得た試合の最後を投げ切った投手。

（b）　勝投手の記録を得なかった投手。

（c）　最低3分の1の投球回が記録された投手。

（d）　次の各項目のいずれかに該当する投手。

（1）　自チームが3点のリードのときに出場して、しかも最低1イニングを投げた場合。

（2）　塁上に走者が残されているとき、その走者か、走者および相対する打者、または、走者と相対する打者およびその次打者が得点すれば、タイとなる状況のもとで出場してリードを守り切った場合。

塁上に走者が残されていないとき、相対する打者か、または、相対する打者およびその次打者が得点すれば、タイとなる状況のもとで出場してリードを守り切った場合。

（3）　最低3イニング投球した場合。

9.20　統　　　計

　　コミッショナー事務局は、公式統計員を任命し、リーグ選手権試合あるいはポストシーズンゲームに出場した全プレーヤーの打撃、守備、投手成績（9.02に規定された）の記録の集計にあたらせる。公式統計員は、シーズン末には選手権試合の個人、チームの記録が記載されている記録表を作成し、コミッショナー事務局に提出する。この記録表には、各プレーヤーの姓名を明示し、打者には、右打、左打、左右打の区別、野手、投手には、右投、左投の区別を記録する。

　　打順表に記載されたプレーヤーが、1回の守備につかないで交代した場合、守備に関しては、試合に出場したとの記録が与えられない。

　　打順表に記載されるか、交代して出場すると発表されたプレーヤーは、すべて、打撃に関しては、試合に出場したとの記録が与えられる。

【原注】　あるプレーヤーが、少なくとも1球あるいは1プレイの間、守備についた場合は、守備に関しての試合出場を記録する。
　　代わって出場したプレーヤーが守備についたものの、1球が投じられるか、プレイが始まる前にコールドゲームが宣せられた場合（たとえば雨）は、打撃に関しては試合出場を記録するが、守備に関しては試合出場を記録しない。救援投手が登板したものの、1球を投じるか、プレイが始まる前にコールドゲームが宣せられた場合（たとえば雨）は、打撃に関しては試合出場を記録するが、守備および投手成績に関しては、試合出場を記録しない。

9.21　率　の　決　定

　　各率は次の計算による。
（a）　勝率を出すには、勝、敗の合計数で勝試合数を割る。
（b）　打率を出すには、打数で安打数を割る。
（c）　長打率を出すには、打数で塁打数を割る。

（d）　守備率を出すには、刺殺、補殺、失策の合計数（守備機会）で刺殺、補殺の合計数を割る。

（e）　投手の防御率を出すには、その投手の自責点の合計に９を掛け、それを投球回数（端数を含む）で割る。

【原注】　例——投球回９⅓回、自責点３の場合、防御率は、3×9÷9⅓＝2.89

【注】　率の算出にあたって割り切れない場合は、小数点以下４位まで求めて四捨五入する。防御率は小数点以下３位まで求めて四捨五入する。

（f）　出塁率を出すには、打数、四球、死球、犠飛の合計数で、安打、四球、死球の合計数を割る。

【原注】　出塁率の算定にあたって、妨害（インターフェア）、走塁妨害（オブストラクション）による出塁は除く。

9.22　各最優秀プレーヤー決定の基準

　プロフェッショナルリーグの打撃、投手、守備における各最優秀プレーヤーの決定は、次の基準による。

（a）　リーグの首位打者、最高長打率打者、最高出塁率打者は、最高の打率、長打率、出塁率をあげたプレーヤーに与えられる。ただし、メジャーリーグではそのシーズン中の１クラブあたりに組まれている試合総数の3.1倍以上、マイナーリーグでは2.7倍以上の打席数を必要とする。

　打席数とは、打数、四球、死球、犠牲バント、犠牲フライおよび妨害または走塁妨害による出塁数の各々の合計をいう。

　ただし、必要な打席数に満たない打者でも、その不足数を打数として加算し、なお最高の打率、長率、出塁率になった場合には、この打者がリーグの首位打

者、最高長打率打者、最高出塁率打者となる。

【原注】　1クラブあたり162試合が組まれているメジャーリーグでは、その3.1倍の502、1クラブあたり140試合が組まれているマイナーリーグでは、その2.7倍の378が規定打席数である。端数は四捨五入する。たとえば、162の3.1倍は502.2だが、端数を切り捨てて502が規定打席数となる。

　　　Aが、500打数181安打、打率3割6分2厘で、502打席以上の打者中最高打率を記録したとしても、490打席のBが440打数165安打、打率3割7分5厘を記録した場合、首位打者はBである。なぜなら、Bの打数に12を加えて打率を算出すると3割6分5厘となり、Aを上回るからである。

（b）　メジャーリーグの最優秀防御率投手は、少なくともそのリーグで1クラブあたりに組まれている試合総数と同数以上のイニングを投球していなければならない。

　　マイナーリーグでは、少なくともそのリーグで1クラブあたりに組まれている試合総数の80％の数と同数以上のイニングを投球していなければならない。

【原注】　1クラブあたり162試合が組まれているメジャーリーグでは、162イニングが規定投球回数である。161⅔イニングの投手は資格がない。1クラブあたり140試合が組まれているマイナーリーグでは、112イニングが規定投球回数である。端数は、最も近い3分の1の値に切り捨てまたは切り上げる。たとえば、1クラブあたり144試合が組まれているマイナーリーグでは、144の80％は115.2で、115⅓イニングが規定投球回数となる。1クラブあたり76試合が組まれているマイナーリーグでは、76の80％は60.8で、60⅔イニングが規定投球回数となる。

（c）　守備の最優秀プレーヤーは、各ポジションにおける最高の守備率を得た野手に与える。
　　（1）　捕手は、少なくともそのリーグで1クラブあたりに組まれている試合総数の半数以上の試合に、捕手として出場しなければならない。

（2）　内野手および外野手は、少なくともそのリーグで1クラブあたりに組まれている試合総数の3分の2以上の試合に、そのポジションの守備につかなければならない。

（3）　投手は、少なくともそのリーグで1クラブあたりに組まれている試合総数と同数以上のイニングを、投球していなければならない。

　　　ただし、規定投球回数に満たない投手が、規定に達した投手よりも守備機会数（刺殺、補殺、失策の合計）をより多く記録し、なお守備率が最高の場合には、その投手が最高守備率投手となる。

【9.22注】　我が国のプロ野球では、〝組まれている試合総数〟を〝行なった試合数〟に置きかえて適用する。数の算出にあたり、端数は本条（a）（b）各〔原注〕に準ずる。

9.23　連続記録の規定

（a）　連続安打の記録は、四球、死球、打撃または走塁妨害、および犠牲バントによって中断されない。しかし、犠牲フライはその記録を中断する要素となる。

（b）　連続試合安打の記録は、すべての打席が四球、死球、打撃または走塁妨害および犠牲バントのいずれかであったとき、中断されたことにはならない。しかし、犠牲フライはその記録を中断する要素となる。

　　　プレーヤー個人の連続試合安打の記録は、そのプレーヤーが連続出場した試合の結果によって決定される。

【注】　プレーヤーが試合に出場していたが、打席がこないうちに試合が終わった場合および塁上の走者がアウトになって攻守交代となったためなど打席に入ったが打撃を完了できなかった場合は、連続安打および連続試合安打の記録が中断されたものとはみなさない。

（c）　プレーヤーが連続試合出場を記録するためには、少なくとも自チームのある

イニングの守備（回の初めから終わりまで）に出場するか、あるいは塁に出るか
アウトになって打撃を完了しなければならない。代走として試合に出ただけでは、
連続試合出場を記録したことにはならない。

　　プレーヤーが本項の要件を満たさないうちに、審判員によって試合から除かれ
た場合は、この連続試合出場の記録が中断されたことにはならない。

（d）　サスペンデッドゲームで、本条各項を適用するにあたっては、その続行試合
　　でのすべてのプレイは、一時停止された元の試合日に記録されたものとみなす。

本規則における用語の定義

（各文末尾の数字は関係条文を示す）

1　ADJUDGED「アジャッジド」——審判員が、その判断に基づいて下す裁定である。

2　APPEAL「アピール」——守備側チームが、攻撃側チームの規則に反した行為を指摘して、審判員に対してアウトを主張し、その承認を求める行為である。

3　BALK「ボーク」——塁上に走者がいるときの、投手の反則行為である。その場合には、全走者に各1個の進塁を許す。（6.02a）

4　BALL「ボール」——ストライクゾーンを通過しなかった投球、または地面に触れた投球で、いずれも打者が打たなかったものである。
　　投球が地面に触れた後、ストライクゾーンを通過しても、ボールである。

5　BASE「ベース」（塁）——走者が得点するために、触れなければならない四つの地点の一つである。通常その地点を表示するために、キャンバスバッグとゴムの平板が用いられる。

6　BASE　COACH「ベースコーチ」——一塁、または三塁のコーチスボックス内に位置して、打者または走者を指図する、ユニフォームを着用したチームの一員をいう。（5.03）

7　BASE　ON　BALLS「ベースオンボールス」（四球）——打者が打撃中にボール4個を得るか、守備側チームの監督が打者を故意四球とする意思を審判員に示し、一塁へ進むことが許される裁定である。守備側チームの監督が審判員に故意四球の

意思を伝えた場合（この場合はボールデッドである）、打者には、**ボール4個を得たときと同じように、一塁が与えられる。**(5.05 b 1)

8　BATTER「バッター」（打者）——バッターボックスに入って攻撃するプレーヤーである。

9　BATTER-RUNNER「バッターランナー」（打者走者）——打撃を終わった打者がアウトになるまでか、または走者となったことに対するプレイが終了するまでの間を指す術語である。

10　BATTER'S　BOX「バッターボックス」——打者が打撃に際して立つべき場所である。

11　BATTERY「バッテリー」——投手と捕手とをあわせて呼ぶときに用いる。

12　BENCH　or　DUGOUT「ベンチ」または「ダッグアウト」——ユニフォームを着たプレーヤー、控えのプレーヤー、その他チームのメンバーが実際に競技にたずさわっていないときに、入っていなければならない施設である。(2.05、5.10 k、6.04 e)

13　BUNT「バント」——バットをスイングしないで、内野をゆるく転がるように意識的にミートした打球である。

14　CALLED　GAME「コールドゲーム」——どのような理由にせよ、球審が打ち切りを命じた試合である。(7.01)

15　CATCH「キャッチ」（捕球）——野手が、インフライトの打球、投球または送

球を、手またはグラブでしっかりと受け止め、かつそれを確実につかむ行為であっ
て、帽子、プロテクター、あるいはユニフォームのポケットまたは他の部分で受け
止めた場合は、捕球とはならない。

　また、ボールに触れると同時、あるいはその直後に、他のプレーヤーや壁と衝突
したり、倒れた結果、落球した場合は〝捕球〟ではない。

　野手が飛球に触れ、そのボールが攻撃側チームのメンバーまたは審判員に当たっ
た後に、いずれの野手がこれを捕らえても〝捕球〟とはならない。

　野手がボールを受け止めた後、これに続く送球動作に移ってからボールを落とし
た場合は、〝捕球〟と判定される。

　要するに、野手がボールを手にした後、ボールを確実につかみ、かつ意識してボー
ルを手放したことが明らかであれば、これを落とした場合でも〝捕球〟と判定され
る。(5.09 a 1)

【原注】　野手がボールを地面に触れる前に捕らえれば、正規の捕球となる。その間、ジャ
グルしたり、あるいは他の野手に触れることがあってもさしつかえない。

　　走者は、最初の野手が飛球に触れた瞬間から、塁を離れてさしつかえない。

　　野手はフェンス、手すり、ロープなど、グラウンドと観覧席との境界線を越えた上空
へ、身体を伸ばして飛球を捕らえることは許される。また野手は、手すりの頂上やファ
ウルグラウンドに置いてあるキャンバスの上に飛び乗って飛球を捕らえることも許され
る。しかし野手が、フェンス、手すり、ロープなどを越えた上空やスタンドへ、身体を
伸ばして飛球を捕らえようとすることは、危険を承知で行なうプレイだから、たとえ観
客にその捕球を妨げられても、観客の妨害行為に対してはなんら規則上の効力は発生し
ない。

　　ダッグアウトの縁で飛球を捕らえようとする野手が、中へ落ち込まないように、中に
いるプレーヤー（いずれのチームかを問わない）によって身体を支えられながら捕球し
た場合、正規の捕球となる。

【注】　捕手が、身につけているマスク、プロテクターなどに触れてからはね返ったフ
ライボールを地面に取り落とさずに捕らえれば、正規の〝捕球〟となる。ただし、

手またはミット以外のもの、たとえばプロテクターあるいはマスクを用いて捕らえたものは、正規の捕球とはならない。

16 CATCHER「キャッチャー」（捕手）──本塁の後方に位置する野手である。

17 CATCHER'S BOX「キャッチャースボックス」──投手が投球するまで、捕手が位置すべき場所である。

18 CLUB「クラブ」──プレイングフィールドとこれに付属する施設を用意してチームを形成し、かつリーグに所属するチームであると表明することに責任が持てる人、または人々の団体である。

19 COACH「コーチ」──コーチはチームのユニフォームを着用した一員であってベースコーチを務めるだけでなく、監督の指示する任務を果たすために、監督によって選ばれた人である。

20 DEAD BALL「デッドボール」──規則によって、プレイが一時停止されたために、プレイから外されたボールをいう。（5.06 c）

21 DEFENSE or DEFENSIVE「ディフェンスまたはディフェンシブ」（守備側）──競技場内における守備側チームまたはそのプレーヤーをいう。

22 DOUBLE-HEADER「ダブルヘッダー」──相次いで行なう2試合をいい、この2試合はあらかじめ日程に組まれた場合もあり、日程を修正して組み入れられる場合もある。（4.08）

23 DOUBLE PLAY「ダブルプレイ」（併殺）──守備側プレーヤーが連続した

動作で、2人の攻撃側プレーヤーをプットアウトにするプレイであるが、この二つのプットアウトの間に失策が介在したものはダブルプレイとみなされない。(9.11)

（a）　フォースダブルプレイは、フォースアウトの連続によるダブルプレイである。

（b）　リバースフォースダブルプレイは、その第1アウトがフォースプレイで行なわれ、第2アウトがフォースアウトされるはずの走者に対して行なわれたダブルプレイである。

例—1アウト走者一塁、打者が一塁手にゴロを打ち、打球をつかんだ一塁手が一塁に触れ（2アウト）、続いて二塁手または遊撃手に送球して走者をアウト（タッグプレイ）にした場合。

例—0アウト満塁、打者が三塁手にゴロを打ち、打球をつかんだ三塁手が三塁に触れ（1アウト）、続いて捕手に送球して三塁走者をアウト（タッグプレイ）にした場合。

24　DUGOUT「ダッグアウト」——「ベンチ」の定義参照。

25　FAIR　BALL「フェアボール」——打者が正規に打ったボールで、次に該当するものをいう。（巻頭図参照）

（a）　本塁一塁間、または本塁三塁間のフェア地域内に止まったもの。

（b）　一塁または三塁を、バウンドしながら外野の方へ越えて行く場合に、フェア地域に触れながら通過するか、またはその上方空間を通過したもの。

（c）　一塁、二塁または三塁に触れたもの。

（d）　最初に落ちた地点が一塁二塁および二塁三塁を結ぶ線上であったか、あるいはその線を越えた外野の方のフェア地域内であったもの。

（e）　フェア地域内またはその上方空間で、審判員またはプレーヤーの身体に触れたもの。

（f）　インフライトの状態でプレイングフィールドを越えて行く場合に、フェア地

域の上方空間を通過したもの。

　フェア飛球は、ボールとファウルライン（ファウルポールを含む）との、相互の位置によって判定しなければならない。野手がボールに触れたときに、フェア地域にいたか、ファウル地域にいたかによって判定してはならない。

　【原注】　飛球が、最初一塁本塁間または三塁本塁間の内野に落ちても、一塁または三塁を通過する前に、プレーヤーまたは審判員に触れないで、ファウル地域へ転じ去った場合は、ファウルボールである。飛球がファウル地域で止まるか、ファウル地域でプレーヤーに触れた場合も、ファウルボールである。
　　　飛球が一塁または三塁ベースに当たるか、あるいは、一塁または三塁を越えた外野のフェア地域に落ちれば、その後ファウル地域にバウンドして出た場合でも、フェアボールである。
　　　審判員が、フェア、ファウルを正確に判定できるように、ファウルポールのフェンスより上に出ている部分に、フェア地域に向かって金網を張り出して取りつけることが望ましい。

　　【注】　打球が地面以外のもの、たとえば打者が捨てたバット、捕手が外したマスクなどに、フェア地域で触れたときは、ボールインプレイである。
　　【問】　打球が三塁についている走者に触れてから、フェア地域に反転した場合は、いかに判定すべきか。また、これがファウル地域に反転した場合はどうか。
　　【答】　ボールが走者と接触した位置によって、フェアかファウルかを判定すべきものであり、フェア地域で触れたときは、フェアボールとなる。したがって、走者はフェアの打球に触れたという理由でアウトになる。（5.09b7参照）

26　FAIR　TERRITORY「フェアテリトリ」（フェア地域）──本塁から一塁、本塁から三塁を通って、それぞれ競技場のフェンスの下端まで引いた直線と、その各線に垂直な上方空間との内側の部分を指す。各ファウルラインは、フェア地域に含まれる。

27　FIELDER「フィールダー」（野手）──守備側のプレーヤーをいう。

28　FIELDER'S　CHOICE「フィールダースチョイス」（野手選択）──フェアゴ
ロを扱った野手が一塁で打者走者をアウトにする代わりに、先行走者をアウトにし
ようと他の塁へ送球する行為をいう。また、（a）安打した打者が、先行走者をアウ
トにしようとする野手の他の塁への送球を利して、1個またはそれ以上の塁を余
分に奪った場合や、（b）ある走者が、盗塁や失策によらないで、他の走者をアウ
トにしようとする野手の他の塁への送球を利して進塁した場合や、（c）盗塁を企
てた走者が守備側チームが無関心のためになんら守備行為を示さない間に進塁した
場合などにも（9.07ｇ）、これらの打者走者または走者の進塁を記録上の用語とし
て野手選択による進塁という。

29　FLY　BALL「フライボール」（飛球）──空中高く飛ぶ打球をいう。

30　FORCE　PLAY「フォースプレイ」──打者が走者となったために、塁上の走
者が、規則によって、その塁の占有権を失ったことが原因となって生じるプレイで
ある。（5.09ｂ6）

　　　【注】　次の原注に述べられているフォースプレイによるアウト、すなわちフォースア
　　　　ウト（封殺）と得点との関係は、5.08に明示されている。

　　　【原注】　フォースプレイを理解するために最も注意を要する点は、最初はフォースの状
　　　　態であっても、その後のプレイによっては、フォースの状態でなくなるということであ
　　　　る。
　　　　　例──1アウト満塁、打者一塁に強いゴロを放ったが、一塁手がこれを止めてただちに
　　　　塁に触れ、打者をアウトにすれば、フォースの状態でなくなるから、二塁に向かって走
　　　　っている走者は触球されなければアウトにはならない。したがって、一塁走者が二塁で
　　　　触球アウトになる前に、二塁、三塁にいた走者が本塁を踏んだ場合には、この得点は認

　められる。しかし、これに反して、ゴロを止めた一塁手がただちに二塁に送球して一塁
　走者をフォースアウトにした後、さらに一塁への返球で打者もアウトにして3アウトと
　なった場合には、二塁、三塁の走者が本塁を踏んでいても得点とは認められない。
　例——封殺でない場合。1アウト走者一・三塁のとき、打者は外野に飛球を打ってアウト
　になり、2アウトとなった。三塁に触れていた走者は、捕球を見て本塁を踏んだ。しか
　し、一塁の走者は、捕球当時離塁していたので帰塁しようとしたが、外野手からの返
　球で一塁でアウトになり、3アウトとなった。この場合は、フォースアウトではないか
　ら、一塁走者のアウトより前に、三塁走者が本塁に触れたと審判員が認めれば、その得
　点は記録される。

31　FORFEITED　GAME「フォーフィッテッドゲーム」（没収試合）——規則違
　反のために、球審が試合終了を宣告して、9対0で過失のないチームに勝ちを与え
　る試合である。(7.03)

32　FOUL　BALL「ファウルボール」——打者が正規に打ったボールで、次に該
　当するものをいう。（巻頭図参照）
（a）　本塁一塁間または本塁三塁間のファウル地域内に止まったもの。
（b）　一塁または三塁を、バウンドしながら外野の方へ越えて行く場合に、ファウ
　　ル地域に触れながら通過するか、あるいはファウル地域上の空間を通過したもの。
（c）　一塁または三塁を越えたファウル地域内に、最初に落下したもの。
（d）　ファウル地域内またはその上方空間で、審判員またはプレーヤーの身体、あ
　　るいは、地面以外のものに触れたもの。

　　ファウル飛球は、ボールとファウルライン（ファウルポールを含む）との、相互
　の位置によって判定しなければならない。野手がボールに触れたときに、フェア地
　域にいたか、ファウル地域にいたかによって判定してはならない。

　【原注】　野手に触れない打球が、投手板に当たり、リバウンドして本塁一塁間または本

塁三塁間のファウル地域に出て止まった場合には、ファウルボールである。

【注1】　打者の所持するバットに、打球（バントを含む）がファウル地域で触れたときは（もちろん故意でなく）、ファウルボールである。

　　また、打者が打ったり、バントしたボールが反転して、まだバッタースボックス内にいる打者の身体およびその所持するバットに触れたときも、打球がバットまたは身体と接触した位置に関係なく、ファウルボールである。

【注2】　打球が地面以外のもの、すなわちバックネットやフェンスはもちろん、打者が捨てたバット、捕手が外したマスク、地上に置いてある審判員のほうきなどに、ファウル地域でいったん触れれば、その後転じてフェア地域内に止まってもファウルボールである。

33　FOUL　TERRITORY「ファウルテリトリ」（ファウル地域）──本塁から一塁、本塁から三塁を通って、競技場のフェンスの下端まで引いた直線と、その線に垂直な上方空間との外側の部分を指す。（各ファウルラインはファウル地域に含まれない）

34　FOUL　TIP「ファウルチップ」──打者の打ったボールが、鋭くバットから直接捕手に飛んで、正規に捕球されたもので、捕球されなかったものはファウルチップとならない。ファウルチップはストライクであり、ボールインプレイである。（5.09 a 2）

35　GROUND　BALL「グラウンドボール」──地面を転がるか、または地面に低くバウンドしていく打球をいう。

36　HOME　TEAM「ホームチーム」──あるチームが自分の球場で試合を行なう場合、相手チームに対して、そのチームを指して呼ぶ術語である。試合が中立の球場で行なわれる場合には、ホームチームは相互の協定によって指定される。

【注】　ホームチームの相手チームをビジティングチームまたはビジターと呼ぶ。

37　ILLEGAL　or　ILLEGALLY「イリーガルまたはイリガリー」──本規則に反することをいう。

38　ILLEGAL　PITCH「イリーガルピッチ」（反則投球）──（1）投手が、投手板に触れないで投げた打者への投球、（2）クィックリターンピッチ、をいう。──走者が塁にいるときに反則投球をすれば、ボークとなる。

39　INFIELDER「インフィールダー」（内野手）──内野に守備位置をとる野手をいう。

40　INFIELD　FLY「インフィールドフライ」──0アウトまたは1アウトで、走者が一・二塁、一・二・三塁にあるとき、打者が打った飛球（ライナーおよびバントを企てて飛球となったものを除く）で、内野手が普通の守備行為をすれば、捕球できるものをいう。この場合、投手、捕手および外野手が、内野で前記の飛球に対して守備したときは、内野手と同様に扱う。

　審判員は、打球が明らかにインフィールドフライになると判断した場合には、走者が次の行動を容易にとれるように、ただちに〝インフィールドフライ〟を宣告しなければならない。また、打球がベースラインの近くに上がった場合には〝インフィールドフライ・イフ・フェア〟を宣告する。

　インフィールドフライが宣告されてもボールインプレイであるから、走者は離塁しても進塁してもよいが、その飛球が捕らえられれば、リタッチの義務が生じ、これを果たさなかった場合には、普通のフライの場合と同様、アウトにされるおそれがある。

　たとえ、審判員の宣告があっても、打球がファウルボールとなれば、インフィー

ルドフライとはならない。

　インフィールドフライと宣告された打球が、最初に（何物にも触れないで）内野に落ちても、ファウルボールとなれば、インフィールドフライとはならない。また、この打球が、最初に（何物にも触れないで）ベースラインの外へ落ちても、結局フェアボールとなれば、インフィールドフライとなる。

　　【原注】　審判員はインフィールドフライの規則を適用するにあたって、内野手が普通の守備行為をすれば捕球できるかどうかを基準とすべきであって、たとえば、芝生やベースラインなどを勝手に境界線として設定すべきではない。たとえ、飛球が外野手によって処理されても、それは内野手によって容易に捕球されるはずだったと審判員が判断すれば、インフィールドフライとすべきである。インフィールドフライはアピールプレイであると考えられるような要素はどこにもない。審判員の判断がすべて優先し、その決定はただちに下されなければならない。
　　　インフィールドフライが宣告されたとき、走者は危険を承知で進塁してもよい。インフィールドフライと宣告された飛球を内野手が故意落球したときは、5.09(a)(12)の規定にもかかわらずボールインプレイである。インフィールドフライの規則が優先する。
　　　インフィールドフライが宣告されたときに妨害が発生した場合、打球がフェアかファウルかが確定するまでボールインプレイの状態は続く。打球がフェアになれば、野手の守備を妨害した走者と、打者がアウトになる。打球がファウルになれば、野手の守備を妨害した走者だけがアウトとなり、その打球が捕球されたとしても、打者は打ち直しとなる。

　　【注】　インフィールドフライは、審判員が宣告して、初めて効力を発する。

41　IN　FLIGHT「インフライト」——打球、送球、投球が、地面かあるいは野手以外のものにまだ触れていない状態を指す。

42　IN　JEOPARDY「インジェパーディ」——ボールインプレイのとき、攻撃側プレーヤーがアウトにされるおそれのある状態を示す術語である。

43 INNING「イニング」(回)——各チームが攻撃と守備とを交互に行なう、試合の一区分である。この間、各チームは守備の際、それぞれ3個のプットアウトを果たす。各チームは1イニングの半分ずつをその攻撃にあてる。

> 【注】 本規則では、ビジティングチーム(先攻チーム)の攻撃する間を表といい、ホームチーム(後攻チーム)の攻撃する間を裏という。

44 INTERFERENCE「インターフェアランス」(妨害)
(a) 攻撃側の妨害——攻撃側プレーヤーがプレイしようとしている野手を妨げたり、さえぎったり、はばんだり、混乱させる行為である。(6.01aペナルティ参照)
(b) 守備側の妨害——投球を打とうとする打者を妨げたり、邪魔をする野手の行為をいう。
(c) 審判員の妨害——(1)盗塁を阻止しようとしたり、塁上の走者をアウトにしようとする捕手の送球動作を、球審が邪魔したり、はばんだり、妨げた場合、(2)打球が、野手(投手を除く)を通過する前に、フェア地域で審判員に触れた場合に起こる。
(d) 観衆の妨害——観衆が競技場内に入ったり、スタンドから乗り出したり、または競技場内に物を投げ込んで、インプレイのボールを守備しようとしている野手の邪魔をした場合に起こる。

45 LEAGUE「リーグ」——あらかじめ組まれたスケジュールによって、所属リーグの選手権試合を本規則に従って行なうチームを保有するクラブの集まりである。

46 LEGAL or LEGALLY「リーガルまたはリーガリー」——本規則に準拠したことをいう。

47 LIVE　BALL「ライブボール」──インプレイのボールをいう。

48 LINE　DRIVE「ラインドライブ」（ライナー）──打者のバットから鋭く、直線的に、地面に触れないで飛んだ打球である。

49 MANAGER「マネージャー」（監督）──プレイングフィールドにおける自己のチームの行動に責任を持ち、チームを代表して審判員ならびに相手チームと協議するように、クラブから指定された人である。プレーヤーが監督に指定されることも許される。(4.02)

50 OBSTRUCTION「オブストラクション」（走塁妨害）──野手がボールを持たないときか、あるいはボールを処理する行為をしていないときに、走者の走塁を妨げる行為である。(6.01h1・2)

> **【原注】** ここにいう〝野手がボールを処理する行為をしている〟とは、野手がまさに送球を捕ろうとしているか、送球が直接野手に向かってきており、しかも十分近くにきていて、野手がこれを受け止めるにふさわしい位置を占めなければならなくなった状態をいう。これは一に審判員の判断に基づくものである。野手がボールを処理しようとして失敗した後は、もはやボールを処理している野手とはみなされない。たとえば、野手がゴロを捕ろうとしてとびついたが捕球できなかった。ボールは通り過ぎていったのにもかかわらずグラウンドに横たわったままでいたので、走者の走塁を遅らせたような場合、その野手は走塁妨害をしたことになる。

51 OFFENSE「オフェンス」（攻撃側）──攻撃中のチーム、またはそのプレーヤーをいう。

52 OFFICIAL　SCORER「オフィシャルスコアラー」（公式記録員）──9.00参

照。

53 ORDINARY　EFFORT「オーディナリーエフォート」（普通の守備行為）
——天候やグラウンドの状態を考慮に入れ、あるプレイに対して、各リーグの各守
備位置で平均的技量を持つ野手の行なう守備行為をいう。

　　【原注】　この用語は、定義40のほか記録に関する規則でたびたび用いられる、個々の野
　　　手に対する客観的基準である。言い換えれば、ある野手が、その野手自身の最善のプレ
　　　イを行なったとしても、そのリーグの同一守備位置の野手の平均的技量に照らして劣っ
　　　たものであれば、記録員はその野手に失策を記録する。

54 OUT「アウト」——守備側チームが攻撃側となるために、相手チームを退ける
のに必要な三つのプットアウトのうちの一つである。

55 OUTFIELDER「アウトフィールダー」（外野手）——競技場の内で、本塁から
最も遠い、いわゆる外野に守備位置をとる野手である。

56 OVERSLIDE　or　OVERSLIDING「オーバースライドまたはオーバースラ
イディング」——攻撃側プレーヤーが、滑り込みの余勢のために塁から離れて、ア
ウトにされるおそれのある状態におかれる行為をいう。本塁から一塁に進む場合に
は、ただちに帰ることを条件として、滑り込みの余勢のために塁を離れることは許
されている。

57 PENALTY「ペナルティ」——反則行為に対して適用される規則をいう。

58 PERSON　of　player　or　umpire「パースン・オブ・プレーヤー・オア・
アンパイヤー」（プレーヤーまたは審判員の身体）——その身体、着衣および身に

つけているものをいう。

59 PITCH「ピッチ」（投球）──投手が打者に対して投げたボールをいう。

　　【原注】　あるプレーヤーから他のプレーヤーに送られるボールは、すべて送球である。

60 PITCHER「ピッチャー」（投手）──打者に投球するように指定された野手をいう。

61 Pitcher's PIVOT FOOT「ピッチャース・ピボットフット」（投手の軸足）──投手が投球の際、投手板に触れている足をいう。

62 〝PLAY〟「プレイ」──球審が試合を開始するとき、およびボールデッドの状態から競技を再開するときに用いる命令をいう。

63 QUICK RETURN Pitch「クィックリターンピッチ」──打者の虚をつくことを意図した投球をいう。これは反則投球である。

64 REGULATION GAME「レギュレーションゲーム」（正式試合）──7.01参照。

65 RETOUCH「リタッチ」──走者が、規則によって、帰塁しなければならない塁へ帰る行為をいう。

　　【注】　〝リタッチ〟には、飛球が捕らえられたときに離塁していた走者が、進塁の起点となった塁に帰塁する行為と、飛球が打たれたとき塁にタッチしていて、野手が捕球したのを見て次塁へスタートする行為の二つがある。（5.09b5、5.09c1参照）

66 RUN or SCORE「ランまたはスコア」（得点）——攻撃側のプレーヤーが打者から走者となって、一塁、二塁、三塁、本塁の順序で各塁に触れた場合に、与えられる得点をいう。(5.08)

67 RUN−DOWN「ランダウン」（挟撃）——塁間で走者をアウトにしようとする守備側の行為をいう。

68 RUNNER「ランナー」（走者）——塁に向かって進んだり、触れたり、戻ったりする攻撃側プレーヤーをいう。

69 〝SAFE〟「セーフ」——走者にその得ようとしていた塁を占有する権利を与える、審判員の宣告をいう。

70 SET POSITION「セットポジション」——二つの正規な投球姿勢のうちの一つである。

71 SQUEEZE PLAY「スクイズプレイ」——三塁に走者がいる場合、バントによって走者を得点させようとするチームプレイを指す術語である。

72 STRIKE「ストライク」——次のような、投手の正規な投球で、審判員によって〝ストライク〟と宣告されたものをいう。
  （a） 打者が打った（バントの場合も含む）が、投球がバットに当たらなかったもの。
  （b） 打者が打たなかった投球のうち、ボールの一部分がストライクゾーンのどの部分でもインフライトの状態で通過したもの。
  （c） 0ストライクまたは1ストライクのとき、打者がファウルしたもの。

（d）　バントして、ファウルボールとなったもの。

　　【注】　普通のファウルは、2ストライクの後はストライクとして数えられないが、バン
　　　トのファウルに限って、ボールカウントには関係なく常にストライクとして数え
　　　られるから、2ストライク後にバントしたものがファウルボールとなれば、打者は
　　　三振となる。ただし、バントがフライとして捕らえられた場合は、フライアウトと
　　　なる。

（e）　打者が打った（バントした場合も含む）が、投球がバットには触れないで打
　　者の身体または着衣に触れたもの。
（f）　バウンドしない投球がストライクゾーンで打者に触れたもの。
（g）　ファウルチップになったもの。

73　STRIKE　ZONE「ストライクゾーン」──打者の肩の上部とユニフォームの
　　ズボンの上部との中間点に引いた水平のラインを上限とし、膝頭の下部のラインを
　　下限とする本塁上の空間をいう。
　　　このストライクゾーンは打者が投球を打つための姿勢で決定されるべきである。

　　【注】　投球を待つ打者が、いつもと異なった打撃姿勢をとってストライクゾーンを小
　　　さく見せるためにかがんだりしても、球審は、これを無視してその打者が投球を打
　　　つための姿勢に従って、ストライクゾーンを決定する。

74　SUSPENDED　GAME「サスペンデッドゲーム」（一時停止試合）──後日、
　　その続きを行なうことにして、一時停止された試合をいう。（7.02）

75　TAG「タッグ」（触球）──野手が、手またはグラブに確実にボールを保持し
　　て、その身体を塁に触れる行為、あるいは確実に保持したボールを走者に触れるか、
　　手またはグラブに確実にボールを保持して、その手またはグラブ（ひもだけの場合

は含まない）を走者に触れる行為をいう。

　　しかし、塁または走者に触れると同時、あるいはその直後に、ボールを落とした場合は〝触球〟ではない。

　　野手が塁または走者に触れた後、これに続く送球動作に移ってからボールを落とした場合は、〝触球〟と判定される。

　　要するに、野手が塁または走者に触れた後、ボールを確実につかんでいたことが明らかであれば、これを落とした場合でも〝触球〟と判定される。

　　本定義では、プレーヤーが身に着けているネックレス、ブレスレットなどの装身具は、プレーヤーの身体の一部とはみなさない。

76 THROW「スロー」（送球）——ある目標に向かって、手および腕でボールを送る行為をいい、常に投手の打者への投球（ピッチ）と区別される。

77 TIE　GAME「タイゲーム」——球審によって終了を命じられた正式試合で、両チームの得点が等しかったものをいう。

78 〝TIME〟「タイム」——正規にプレイを停止させるための審判員の宣告であり、その宣告によってボールデッドとなる。

79 TOUCH「タッチ」——プレーヤーまたは審判員の身体はもちろん、着用しているユニフォームあるいは用具（ただし、プレーヤーが身に着けているネックレス、ブレスレットなどの装身具は除く）のどの部分に触れても〝プレーヤーまたは審判員に触れた〟ことになる。

80 TRIPLE　PLAY「トリプルプレイ」（三重殺）——守備側プレーヤーが連続した動作で、3人の攻撃側プレーヤーをプットアウトにするプレイであるが、この三つのプットアウトの間に失策が介在したものは、トリプルプレイとはみなされない。

81 WILD　PITCH「ワイルドピッチ」（暴投）──捕手が普通の守備行為で処理することができないほど高すぎるか、低すぎるか、横にそれるかした、投手の正規な投球をいう。

82 WIND−UP　POSITION「ワインドアップポジション」──二つの正規な投球姿勢のうちの一つである。

付　記　（野球規則適用の沿革）

アマチュア野球の沿革

▷1950年3月、社会人野球協会、日本学生野球協会および全日本軟式野球連盟が共同して「日本アマチュア野球規則」を統一制定した。

▷1951年新たに全国高等学校野球連盟を加えて、1952年に、1950年度制定の「日本アマチュア野球規則」を改め「公認野球規則」を編纂し、1953年には全日本大学野球連盟も加わった。

▷爾後毎年米国のルール改正に伴い改訂をなし、これを採用した。

プロ野球の沿革

▷1936年2月、「最新野球規則（山内以九士編）」に改正を加え施行した。

▷1941年2月、1940年度米国改正ルールを基として「日本野球規則（広瀬謙三、山内以九士共編）」を編纂した。

▷1951年1月、セ・パ両リーグ合同野球規則協議会を開催し、従来の「日本野球規則」に代えて、「1950年改訂最新野球規則（神田順治編）」に訂正補足を加え、これを適用することとした。

▷1953年1月、1951年度制定の規則書および米国改正ルールに基づいて「最新野球規則」を制定しこれを適用した。

▷爾後両リーグ野球規則協議会は米国のルール改正に伴い適宜改正補足してこれを適用した。

1955年日本におけるプロ野球とアマチュア野球の規則書の合同化を図り、これが実現を見た。

▷1955年12月26日、プロ野球とアマチュア野球の各代表が会合して規則書の合同化を決定した。この時の編纂委員として、相田暢一、小川正太郎、神田順治、久保田高行、島　秀之助、鈴木美嶺、坪井忠郎、二出川延明、萩原兼顕、柳原　基、山内以九士、横沢三郎（以上五十音順）の各氏を選出し、規則書執筆担当者は、山内、

柳原、坪井、鈴木各委員、「審判員の手引」執筆者は島、二出川、相田の各委員および山本英一郎氏、索引執筆者は坪井委員に決定した。

1956年1月6日、第1回編纂委員会を開催して、具体的方法について検討し、爾後審議を重ねて同年3月新しく「1956年度公認野球規則」の発刊を見るに至った。

▷1957年1月、日本野球規則委員会（仮称）は、米国の大幅なルール改正に伴い、前年度規則に検討を加えて、1957年度野球規則の決定をなし、これを適用した。

▷1958年以後、毎年米国のルール改正に我が国独自の改訂が加えられ、現在に至っている。

▷2024年度日本野球規則委員会は、2023年11月29日に開催し、桑原和彦、小山克仁、内藤雅之、相場　勤、安藤嘉浩、尾崎泰輔、小出嘉則、堀井　明、元木三十志、山口智久、若林　浩、友寄正人、江幡秀則、飯田光男、森　健次郎、山川誠二、山田　繁、杵渕和秀、保科求己、笠原昌春、吉本文弘、嶋田哲也、山本　勉、西原稔泰、村林弘之の各氏が編纂にあたった。

索　　引

プレイングルールズ

（アイウエオ順）

メートル法換算表

　本規則に規定されている距離、大きさ、重さなどをメートル法によって換算すれば、およそ次のとおりである。（センチメートルおよびグラムの小数点以下2位で四捨五入した）

　　　1 フィート…0.304794メートル　　　1 インチ…2.5399センチ
　　　1 オンス…28.3495グラム

○本塁よりフェンス、スタンドまたはフェアグラウンドにあるプレイに支障をきたす施設までの距離……………………………………………… 250フィート…76メートル19.9センチ　（2.01）
○本塁より左翼、右翼までの距離…………………………………… 320フィート…97メートル53.4センチ　（2.01）
○本塁より中堅までの距離…………………………………………400フィート…121メートル91.8センチ　（2.01）
○本塁より二塁、一塁より三塁までの距離……
　　　　　　　　　　　　　　127フィート3⅜インチ…38メートル79.5センチ　（図表1，2.01）
○各塁間…………………………………………………… 90フィート…27メートル43.1センチ　（図表1，2.01）
○本塁～バックネット間………………………………………60フィート…18メートル28.8センチ　（図表1，2.01）
○本塁～投手板間……………………………… 60フィート6インチ…18メートル44.0センチ　（図表1）
○スリーフットライン………………………………………… 3フィート…91.4センチ　（図表1）
○次打者席の直径……………………………………… 5フィート…1メートル52.4センチ　（図表1）
○両次打者席の中心間の半分……………………………… 37フィート…11メートル27.7センチ　（図表1）
○塁線よりコーチスボックス……………………………… 15フィート…4メートル57.2センチ　（図表1）
○コーチスボックス……………… 1フィート～10フィート×20フィート…30.5センチ～ 3メートル04.8センチ× 6メートル09.6センチ
　　　　　　　　　　　　　　　　　　　　　　　　　　　　　　　　　　　　　　　（図表1）
○本塁を囲む土の部分の直径…………………………… 26フィート… 7メートル92.5センチ　（図表1）

メートル法換算表

○バタースボックス…………………… 6フィ× 4フィ… 1メル82.9セン×1メル21.9セン（図表2）
○図表2のキャッチャースボックスなど……

 8フィ× 2メル43.8セン， 43イン… 1メル09.2セン
 29イン…73.7セン， 7イン…17.8セン， 6イン…15.2セン
○ラインの幅…………………………………………… 3イン…7.6セン（図表2）
○本塁の各辺の長さ…………12イン…30.5セン， 17イン…43.2セン， 8½イン…21.6セン（2.02）
○ベースの辺の長さと厚さ……… 15イン…38.1セン， 3イン〜5イン…7.6セン〜12.7セン（2.03）
○投手板……………………………… 24イン× 6イン…61.0セン×15.2セン（図表2，2.04）
○使用球の重さと周囲………………………… 5オス〜5¼オス…141.7グラ〜148.8グラ
 9イン〜9¼イン…22.9セン〜23.5セン（3.01）
○バットの太さ…………………………………2.61イン以下…6.6セン以下（3.02）
 長さ……………………………… 42イン以下… 1メル06.7セン以下
 テープの巻付け……………………………………18イン…45.7セン
○捕手のミット…………………………………………………… （3.04）
 38イン以下…96.5セン以下， 15½イン以下…39.4セン以下
 6イン以下…15.2セン以下， 4イン以下…10.2セン以下
○一塁手のグラブまたはミット……………………………………… （3.05）
 13イン以下…33.0セン以下， 8イン以下…20.3セン以下
 4イン以下…10.2セン以下， 3½イン以下…8.9セン以下
 5イン以下…12.7セン以下
○投手、内外野手のグラブの大きさ……………………………… 巻頭図参照

野球規則に対する疑義あるいは試合中に生じた紛争、これについての規則適用に関する質問事項などは、下記各連盟に封書などでお問い合わせ下さい。

〒108-0014 東京都港区芝 5 -36- 7 　三田ベルジュビル内
　　　　　 日本プロフェッショナル野球組織

野 球 規 則 委 員 会

〒160-0013 東京都新宿区霞ヶ丘町 4 - 2 　Japan Sport Olympic Square内

全 日 本 野 球 協 会

〒100-0003 東京都千代田区一ツ橋 1 - 1 - 1 　パレスサイドビル内

日 本 野 球 連 盟

〒150-0002 東京都渋谷区渋谷 2 -22- 8 　名取ビル内

日 本 学 生 野 球 協 会

〒150-0002 東京都渋谷区渋谷 2 -22- 8 　名取ビル内

全 日 本 大 学 野 球 連 盟

〒550-0002 大阪市西区江戸堀 1 -22-25 　中沢・佐伯記念野球会館内

日 本 高 等 学 校 野 球 連 盟

〒151-0051 東京都渋谷区千駄ケ谷 4 -27- 7

全 日 本 軟 式 野 球 連 盟

公認野球規則
2024 Official Baseball Rules

2024年3月31日　第1版第1刷発行

編　集　日本プロフェッショナル野球組織／全日本野球協会

発行者　日本プロフェッショナル野球組織　コミッショナー　榊原定征
　　　　全日本野球協会　会長　山中正竹

販　売　株式会社ベースボール・マガジン社

　　　　〒103-8482
　　　　東京都中央区日本橋浜町2−61−9　TIE浜町ビル
　　　　電話　03-5643-3930（販売）

振替口座　00180-6-46620

印刷／製本　大日本印刷株式会社

乱丁・落丁が万一ございましたら、お取り替えいたします。

ISBN978-4-583-11662-4　C2075

Printed in Japan

<u>M E M O</u>

<u>M　E　M　O</u>

M E M O

<u>M E M O</u>

M E M O

M E M O